rororo

rororo

Zu diesem Buch

Welcher Mann hätte nicht gerne die Rolle von Mickey Rourke eingenommen, als er in dem Film *9½ Wochen* Kim Basinger vor den Kühlschrank zerrte und sie mit Honig, Eiswürfeln und Champagner fast zur Ekstase trieb. Dies mit der eigenen Partnerin zu erleben, davon träumen alle Männer.

Doch wie macht Mann sie nun wild – «die Brave»? Von lüstern flüstern bis zu aufregenden Sexspielen – dieser Erotik-Guide verrät Kniffe und Taktiken, die jede Frau heiß machen.

DIE AUTORIN

Astrid-Christina Richtsfeld, geboren 1963, widmete sich nach ihrem Studienabschluss (Anglistik/Romanistik) der Kunst. Sie ist als freiberufliche Malerin und Journalistin tätig und schreibt u. a. regelmäßig Artikel und Kolumnen für *Men's Health*. Frau Richtsfeld lebt in Österreich.

Men's Health

Astrid-Christina Richtsfeld

SO MACHT MANN BRAVE MÄDCHEN WILD

Der ultimative Erotik-Guide

ROWOHLT TASCHENBUCH VERLAG

rororo Men's Health
Lektorat Bernd Gottwald

6. Auflage Juli 2002

Originalausgabe
Veröffentlicht im Rowohlt Taschenbuch Verlag GmbH,
Reinbek bei Hamburg, November 2000

Redaktion Bettina Hesse
Fotos Astrid M. Obert-Huber/FOLIO ID
Umschlaggestaltung Barbara Thoben
(Fotos Tony Stone/Uwe Krejci)
Satz Goudy Sans PostScript, QuarkXPress 4.0
Gesamtherstellung Clausen & Bosse, Leck
Printed in Germany – ISBN 3 499 60680 1

Die Schreibweise entspricht den Regeln
der neuen Rechtschreibung.

INHALT

9 Die «Braven»

10 Der Reiz der Unschuld
12 Bravsein ist keine Frage des Alters
13 Tarnen und Täuschen –
Die Tricks der so genannten «Braven»

17 Traum und Wirklichkeit

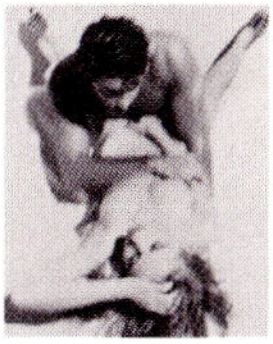

18 Wie hätten Sie's denn gern?
19 Kennen Sie Ihre Frau/Freundin überhaupt?
22 Hier liegen Ihre Chancen
23 Hier liegen Sie falsch
24 Anfang oder Neubeginn?

27 Die Kunst der Verführung

28 Das müssen Sie über Frauen wissen
37 Verführung nach Plan?
39 Die Wahl der Waffen
42 Die Sprache
44 Erotik beginnt im Kopf

47 Die Basis

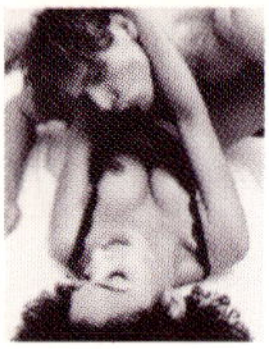

48 Geborgenheit
50 Vertrauen
51 Sicherheit

55 Das Können

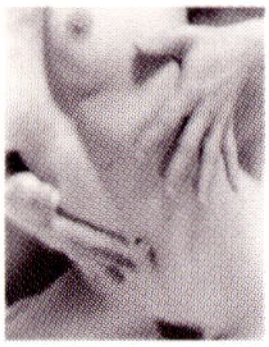

56 Die Macht der Komplimente
61 Die Verlockung
63 Dessous als Geschenk
67 Das Liebesnest
71 Vom Apfel bis zum Zaubertrank
75 Das Maß aller Dinge – der Kuss
79 Goldene Hände
83 Körper-Beherrschung

85 Sex und Phantasie

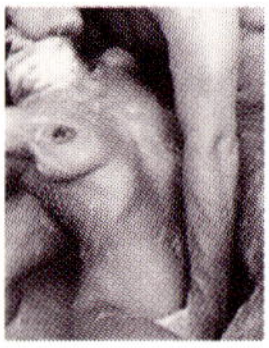

86 Die verteufelte Lust
87 Wie sag ich's «ihr»?
88 Wann spielt «sie» mit?
90 Tantra ist kein Spiel
100 (Ein-)Stellungssache
112 Rollenverteilung
116 Einstiegshilfen
119 Gute Freunde

121 Die Schatzkiste

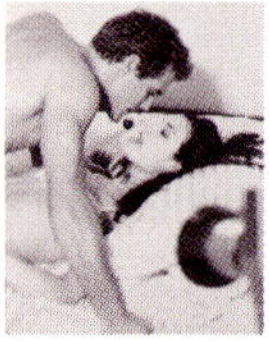

122 Spielzeug für die Großen
126 Spitze, Lack und Leder
128 Fesseln, Cuffs und andere Sachen
129 Vom Gitterbett zum Doktorstuhl
130 Videos
132 Aphrodisiaka
134 Lachen verboten!

135 Zwischen Himmel und Hölle

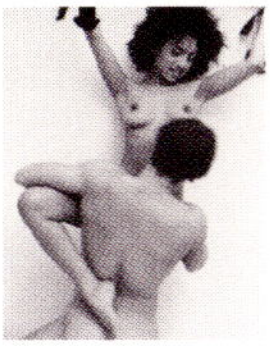

136 Ausflüge in Grenzbereiche
140 Schön gefährlich
142 Das magische Dreieck
143 Vom Partnertausch zum Orgienrausch
145 Was Sie besser bleiben lassen

147 Die hohe Schule

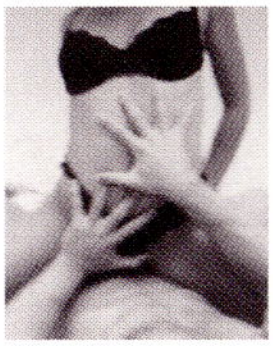

148 Verführung als Meisterstück
149 Die Spezialisten
150 Mit List zur Lust

151 Am Ziel der Wünsche

152 Der wahre Wert der Illusion
153 Die Tücken der Leidenschaft
154 Zurück zum Ausgangspunkt?
155 Paradise lost?
155 Paradise regained!

157 Anhang

157 Stichwortverzeichnis
159 Die Autorin

DIE «BRAVEN»

Der Reiz der Unschuld

Ist die Brave schon in Ihrem Bett gelandet, oder haben Sie gerade ein Auge auf ein weibliches Wesen geworfen, das Sie auf Distanz zu den Braven rechnen würden?

Ist sie das überhaupt?

Was früher ein eindeutiges Indiz für ein Mädchen mit frivolen Neigungen war, nämlich der Netzstrumpf, ist heute so langweilig wie der Vibrator im Nachttisch, der längst der kurzen Peitsche Platz gemacht hat. Wie soll man denn wild und außergewöhnlich sein, wenn man beim biederen Nachbarn schon nicht weiß, ob das Hundegeschirr wirklich dem Vierbeiner gehört?

Folglich gilt ein Mädchen sehr schnell als brav und muss gewaltige Anstrengungen auf sich nehmen, um einen Verehrer vom Gegenteil zu überzeugen. Und trotzdem reißen sich Frauen jenseits der Pubertät kaum darum, dem Image der Braven zu entfliehen. Das lässt sich mit der alten Weisheit erklären, dass Brave unter der Haube, Wilde auf der Motorhaube landen.

Die Frauen fürs Leben rekrutieren sich aus den Scharen der Braven, auch wenn sich doch der eine oder andere Mutige zu seiner wilden Bettgefährtin bekennt.

Männer zieht es zu den Braven, da können sie noch so heftig nach den Wilden schielen. Brave erwecken ihr Vertrauen auf Anhieb, was man von den Wilden nicht behaupten kann. Wie müßig, hier von den angeblichen und reichlich überstrapazierten männlichen Versagensängsten zu sprechen! Trotzdem liegt der Verdacht nahe, dass die Braven den Mann einfach das sein lassen, was er am liebsten ist: der Held, der

Eroberer, derjenige, der vorausgeht und sicher führt, und auch der Künstler, der etwas nach seinen Vorstellungen formt und einem Werk für immer seine Prägung gibt.

Die *Brave ist sofort die Inaktive*, die nur so viel zum Spiel beiträgt, wie es für den Fortgang unbedingt erforderlich ist. Für den Mann heißt das: beruhigende Aussichten. Die Führung liegt in seiner Hand. Beim Erstkontakt macht im Zweifelsfall die Spröde das Rennen vor der Forschen, weil Männer klare Strukturen bevorzugen.

Aber der Reiz der Braven gründet sich nicht speziell auf die vermeintlich einfachere Rollenverteilung. Bravsein impliziert immer einen gewissen Grad an *Unerfahrenheit – und Unschuld*. Letzteres hat eine enorme Wirkung, denn trotz aller sexuellen Freizügigkeit werden wir uns wohl nie von dem Gefühl trennen, dass körperliche Lust eigentlich etwas unter unserem zivilisatorischen Niveau ist. Den meisten stünde der Sinn nach Höherem.

Doch Sex verbindet uns mit der irdischen Wirklichkeit mehr, als uns lieb ist. Eine Brave, die noch einen Hauch vom Paradies der Unschuld erahnen lässt, entspricht dem weißen Fleck auf einer Landkarte für den Eroberer. Sie verheißt unberührtes Terrain, die Möglichkeit, unvorhersehbare Erfahrungen zu machen, und überhaupt das Wichtigste: *der Erste zu sein.*

Damit ist gar nicht die Jungfräulichkeit im strengen Sinn gemeint, denn so weit gehen nur die «Spezialisten» (siehe Kapitel 9), sondern lediglich die Vorstellung, irgendetwas exklusiv mit der begehrten Frau zu teilen.

Die «Unschuldsvermutung» bei den Braven reicht weit in andere Gebiete außerhalb der sexuellen Erfahrung. Einer augenscheinlich Braven glaubt ein Mann viel eher als der Wilden, der Raffinesse nicht allein im Bett unterstellt wird, während die Brave schnell mit Attributen wie romantisch, lieb-naiv, schutzbedürftig, aber auch verlässlich, fürsorglich und loyal leben darf. Eine Brave hat höchstens schöne Geheimnisse, die man ihr gern entlockt, eine Wilde hingegen könnte Dinge verbergen, die man lieber nicht erfährt. Der Eitelkeit eines Mannes dienen die Braven länger, denn bei ihnen kann er sich immer wieder eines neu eroberten Gebietes erfreuen. Claim um Claim darf er abstecken, um in der Sprache der Pioniere zu bleiben, und wenn sie klug ist, hält die Brave lebenslang ein kleines Stückchen Neuland in petto.

Bravsein ist keine Frage des Alters

Dass Bravsein keine Frage des Alters ist, versteht sich von selbst. Sollte man meinen, denn nach wie vor geistert das Phantom der erfahrenen, lüsternen Fünfzigjährigen durch die Medien und parallel dazu die Standardstory der Frau in den besten Jahren, die erst nach Scheidung und Kind Nummer vier die Orgasmusersterfahrung macht. Daneben scheint die Tatsache keine Rolle zu spielen, dass aufgrund der stark nach unten geglittenen Altersgrenze beim Einstieg ins Geschlechtsleben eine Zwanzigjährige im Schnitt schon wesentlich mehr Sexualkontakte aufweisen kann als ihre Mutter vielleicht bisher. Und das sagt auch wieder nichts über «Bravsein oder nicht» aus. *Schließlich ist eine Brave entweder von Natur aus weniger neugierig, temperamentvoll und risikofreudig,* oder Erziehung und Erfahrung haben sie gelehrt, wie viel unkomplizierter und sicherer man mit gedämpftem sexuellem Interesse durchs Leben kommt. Aber auch die Wildeste beginnt zumeist ganz harmlos, sofern ihr Umfeld ebenso ist. Die Vorstellung des geilen Teenies, der einem Mann an die Hosen geht, ist lediglich die Lieblingsversion der Pornoindustrie, in Wirklichkeit sehnt sich kein junges Mädchen nach richtigem Sex, sondern eher nach ausgiebigem Streicheln und Küssen, bevor es auf andere Dinge neugierig gemacht wird. Wettbewerb, Unsicherheit und der Wunsch zu gefallen sind die eigentlichen Triebfedern für den Ersteinstieg, wahre Lust kommt später, aber – keine Angst! – sie kommt. Allerdings kann ich Ihnen eine Enttäuschung nicht ersparen: Die *erste sexuelle Begierde der meisten Mädchen richtet sich* weder auf den hübschen Männerhintern noch auf die viel versprechende Vorderseite, noch schlimmer: *auf gar nichts Männliches. Sie gilt einzig dem eigenen Körper* und dann vielleicht dem der besten Freundin. Lesbische Anwandlungen junger Mädchen sind keine Erfindung alternder Männer, sondern eine häufige Form der ersten «Triebe». Wer also ein braves Mädchen wild machen will, sollte dieses kleine «Mädchengeheimnis» kennen und stets im Hinterkopf bewahren, dass Mädchen Männer langsam lieben lernen.

Brav kann eine Frau ihr ganzes Leben sein, ohne dass sie etwas davon bemerkt oder auch etwas vermisst. Folglich ist eine Brave keineswegs frustriert, wie man gerne glauben möchte, und ein braves Mädchen wild zu machen, dürfte daher nicht unbedingt als Heldentat oder barmherziges Werk gefeiert werden. Weite Reisen ins Land der sexuellen Möglichkeiten stehen dem männlichen Pioniergeist oft näher als der weiblichen Sehnsucht nach Geborgenheit, auch wenn die Braven schon längst in den Sexläden herumspazieren. Zumindest ab dem Zeitpunkt der Abnabelung vom Elternhaus kann man davon ausgehen, dass das Bravsein freiwillig ist. Wie lange es dauert, und ob es überhaupt sein kann, dass sich eine Brave zur Wilden wandelt, ist eine Frage der inneren Einstellung, des Temperaments und vor allem: des persönlichen Interesses. Dort liegt die Krux.

Tarnen und Täuschen – Die Tricks der so genannten Braven

Nur allzu gern glaubt man eine Brave allein schon an ihrem Outfit und Gehabe zu erkennen. Das kann ein schwerer, aber absichtlich herbeigeführter Irrtum sein. Bravsein bringt nämlich erhebliche gesellschaftliche Vorteile, die die meisten Frauen nicht missen wollen. Auch die wilden nicht. Eine hoch erotische Frau wird von anderen Frauen noch schneller als von Männern als solche erkannt und muss, um nicht der Feindschaft der Geschlechtsgenossinnen anheim zu fallen, die Gratwanderung zwischen Attraktivität und Provokation schaffen. Gesellschaftliches Außenseiterleben wäre die mildeste Strafe für ein Misslingen dieses Kunststücks. Ganz zu schweigen davon, dass erotische Reize, die durch Kleidung, Sprache oder Verhalten zu markant hervorgehoben werden, blitzartig ins Lächerliche abgleiten können. Für jede Frau ist es wichtig, gesellschaftliche Akzeptanz zu finden. Sich ohne Bedenken als Wilde zu deklarieren, fordert enormen Mut und ist meist auch nur vor einem soliden Background möglich. Die wunderbaren Vorteile, die eine hoch erotische, wilde Frau genießt, zum Beispiel bei Bewerbungen, bei kleinen Gefälligkeiten im Alltagsleben usw., haben als Gegengewicht die Vielzahl von Unannehmlichkeiten, die unter den Begriff «sexuelle Belästigung» fallen. So bleibt einer Wilden oft gar nichts anderes übrig, als sich als Brave zu tarnen, bis sie die Chance erhält, ihr wahres Wesen preiszugeben. Leider kann diese Chance gänzlich ausbleiben, und dies mag ähnlich schwer wiegende und lebenslange Folgen nach sich ziehen wie das Ausbleiben der Regel.

Als Frau übt man sich sehr früh in der Kunst des Täuschens und Tarnens, und eine Wilde, deren Kennzeichen ohnehin der Hang zum Spielen ist, wird die Brave perfekt mimen. *Sie ist aber nicht das schlafende Dornröschen, das wachgeküsst bzw. muntergebumst werden muss!* Ihre sexuelle Neugier ist längst erwacht und bedarf keiner Förderung oder Lenkung (im Gegensatz zur echten Braven).

Nun hat man es als Mann freilich schwer, die richtigen von den getarnten Braven zu unterscheiden. Typische Tests, die Auskunft über das sexuelle Verlangen geben sollen und von Männern heiß geliebt werden, wie zum Beispiel der Genuss von Austern oder die alpenländische Variante mit der Blutwurst, haben einen großen Fehler: Sie gehen davon aus, dass das, was ein Mann beim Sex zu bieten hat, ziemlich unästhetisch ist und viel Überwindung fordert. Das ist vielleicht realistisch, aber ein schlechter Einstieg. Trotzdem liegt hier der Schlüssel zur Enttarnung. Sex ist ein sinnlicher Genuss, und *das wesentliche Unterscheidungsmerkmal zwischen echten und getarnten Braven ist ihre Fähigkeit, Sinnesfreuden mit Leib und Seele zu genießen*. Echte Brave können nicht aus ihrer Haut heraus und werden sich nur widerstrebend Dingen öffnen, die ihnen ein wenig von der Selbstbeherrschung rauben, die sie ja auszeichnet. Eine echte Brave lässt sich weder mit Alkohol noch mit anderen Mitteln davon abbringen, ihre durch und durch disziplinierte Haltung aufzugeben, weil man ihr den Kopf abreissen müsste, um sie daran zu hindern, sich fortwährend in Selbstreflexion und kritischen Analysen zu üben. *Echten Braven tut man gar keinen Gefallen, wenn man sie zu schnell vom Vorteil sinnlicher Vergnügen überzeugen will*. Sie leiden, sobald sie merken, dass sie die Kontrolle verlieren könnten. Ihnen gibt es überhaupt nichts, über die Stränge zu schlagen, denn ihr Genuss liegt in der Vervollkommnung ihres Selbstbildes. Da hat die Lust am Spiel mit Trieben und anderen Dingen aus den tieferen Gründen der Seele wenig Platz. *Echte Brave bevorzugen festen Boden unter den Füßen*. Dort bewegen sie sich sicher und elegant, während die getarnten Braven nach kurzer Überredung zu diesem oder jenem Ausflug in «Sumpfgebiete» bereit sind. Wie eingangs erwähnt, verrät die Kleidung nur wenig über die wahren Eigenschaften ihrer Trägerin, sie ist viel zu sehr dafür geeignet, als Tarnung zu dienen, als dass man zuverlässige Schlüsse ziehen könnte. Ein mausgraues Kostüm und blickdichte Strumpfhosen kennzeichnen noch lange keine Brave. Täuschungsprofis wissen, dass nichts verführerischer wirkt als eine hoch erotische Frau in betont schlichter Kleidung, ganz zu schweigen vom «Gouvernantenstil», der dann ja schon Phantasien in sexuellen Grenzbereichen wecken kann. *Umgekehrt macht ein Leopardendruck auf der Bluse noch keine Wildkatze im Bett.*

Auch Strapse und String-Tangas sagen überhaupt nichts aus, denn gerade unter den Braven ist die Sehnsucht, anderen gefallen zu wollen, weit verbreitet, und da sie den Konkurrenzkampf unter den Frauen mit dem Kopf ausfechten wollen, legen sie sich wohl überlegt Strapse zu, nicht aber, weil sie schon allein der Anblick der zarten Spitze in erotischen Träumen schwelgen lässt. Allerdings brechen echte Brave höchst selten in Begeisterung aus, sobald sie feststellen, dass im Geburtstagspäckchen ein reizvolles schwarzes Corselett anstelle des erhofften Frotteepyjamas auf sie wartet. Echte Brave haben nämlich einen Hang zum Praktischen. Sie tun sich schwer, einen Sinn darin zu finden, unbequeme Spitzenwäsche (womöglich mit Metallversteifungen!) und erkältungsfördernde Stay-ups zu tragen, wenn sie ohnehin nur einem kurzen Vergnügen dienen. Sportwäsche oder schlichte Baumwolle ist da schon eher ihre Linie.

Wie dem auch sei, eine weitaus bessere Methode, die Echtheit einer Braven zu überprüfen, bleibt die Beschäftigung mit ihrem Humor. Das Klischee vom «schmutzigen» Lacher einer sinnlichen Frau hält noch immer seinen Platz, auch wenn die Art des Lachens nicht das entscheidende Kriterium ist. Freilich neigen echte Brave eher zum Kichern als zum schenkelklopfenden Saloon-Gegröle, doch auch getarnte Brave halten sich mit derbem Lachen sehr zurück. Die getarnten Braven verrät aber ihre Liebe zu einem breiten Spektrum des Humors, während echte Brave, wenn überhaupt, wohl konstruierten, kopflastigen Humor mögen, ohne dass sich hier eine Vorliebe fürs Absurde zeigen würde. Die Wilden in der Aufmachung der Braven lachen auffallend gern, und gerade Dinge, die die schwarze Seele des Menschen hervorkehren, finden sie äußerst komisch. Sinnenfreudigkeit ist einfach mit Spaß gepaart, und das ist partout nicht das Stichwort für die echte Brave.

Warum aber sollten Sie solche Sachen interessieren?

Einer getarnten Braven brauchen Sie lediglich Gelegenheit zur freiwilligen Demaskierung geben, während Sie bei einer echten Braven so ähnlich vorgehen müssen wie ein Pferdeflüsterer mit verkehrten Absichten:

- *Das Wesen der Frau erkennen*
- *Die Ursache für ihre «Bravheit» finden*
- *Vertrauen wecken*
- *Supersacht vorgehen*

- *Die richtigen Anreize schaffen*
- *Gute Tricks beherrschen*
- *Nie wirklich die Führungsrolle aufgeben.*

Wild statt zahm. Das ist doch, was Sie wollen?

Dann lassen Sie sich von der folgenden Trekking-Tour durch die weibliche Physis und Psyche nicht abschrecken.

Frauenkenntnis ist der Schlüssel zum Erfolg.

Traum und Wirklichkeit

Wie hätten Sie's denn gern?

Da es nun einmal sehr leicht ist, von seiner Partnerin als einer Braven zu sprechen, ist es auch recht und billig, Sie zu fragen, was Sie denn eigentlich von ihr wollen bzw. mit ihr vorhaben. Wie wild soll sie sich gebärden? Genügt es Ihnen, wenn Ihre Partnerin Ihr bestes Stück schon im Mund hält, während Sie noch im Träumeland weilen? Möchten Sie dann noch schlaftrunken über die Spielsachen der letzten Nacht stolpern, die Handschellen und Fußfesseln aus bestem Schweinsleder, bevor Sie mit Genuss die Striemen auf Ihrem Gesäß im Badezimmerspiegel betrachten? Oder wäre Ihnen die Vorstellung lieber, dass Ihre Partnerin kultisch Ihren pompösen Lingam verehrt?

Bevor Sie also ans Werk gehen, um ein braves in ein wildes Mädchen zu verwandeln, müssten Sie zumindest eine Ahnung haben, wie weit die Realität von Ihren Wunschträumen abweicht. Wenn Sie lediglich den Geräuschpegel Ihrer Partnerin in die Höhe treiben wollen, ist das natürlich leichter zu erreichen, als eine Frau zu einem «flotten Dreier» zu überreden. Vor allem sollten Sie sich darüber im Klaren sein, dass die Frau in Ihrem Kopf nur während der Eroberungsphase diesselbe ist wie jene in Ihrem Bett. Sind Sie beispielsweise mit dem Inbegriff der Unschuld, der scheuen Blonden, liiert und «können» nur, indem Sie sich die Kehrseite Ihres kubanischen Urlaubsflirts wieder vor Augen rufen, dann dürfen Sie nicht damit rechnen, dass dieses Buch und eine Intensivbräunung Ihre Partnerin in Ihre Traumfrau verwandeln werden. Auch Ihre eigene Motivation spielt eine wesentliche Rolle. Möchten Sie gemeinsam mit Ihrer Frau oder Freundin neue sexuelle Wege beschreiten?

Oder wollen Sie eine Brave, die Sie noch nicht sehr gut kennen, durch die Erweckung ihrer Leidenschaft stärker an sich binden? Ist es das pure Vergnügen, das Sie daran haben, eine quasi Unschuldige ein bisschen zu verderben? Wie auch immer, Sie übernehmen jetzt direkt oder indirekt eine Führungsrolle. Je mehr Sie über Ihre eigenen Wünsche und die Persönlichkeit Ihrer Partnerin wissen, desto schneller gelangen Sie an Ihr Ziel. Nur eine verschwommene Idee von mehr Sex und einer etwas lebhafteren Bettgefährtin wird Ihnen herzlich wenig nützen. Grundsätzlich sollten Sie aber unterscheiden lernen zwischen Phantasien, die Ihren Geist beflügeln und immer einen Platz in Ihrem Kopf haben, und Wunschträumen, die Sie mit Ihrer Partnerin verwirklichen wollen und können. Sie dürfen sich getrost von Videos, Büchern, Katalogen usw. inspirieren lassen, solange Sie begreifen, dass Ihre Partnerin nie die Frau sein wird, die im wahrsten Sinne des Wortes makellos dem Hochglanzmagazin entsteigt, um mit Ihnen die herrlichsten Orgien zu zelebrieren. Ihre Partnerin weiß nämlich ganz bestimmt, dass sie in natura nie so aussehen und agieren wird. Die selbstkritische Haltung einer Frau ist das größte Hindernis im Wandel von einer Braven zur Wilden, denn besonders ein braves Mädchen ist sich ihrer vermeintlichen körperlichen Unzulänglichkeiten stets bewusst. Während Sie ungeduldig darauf warten, dass Ihre Brave im neuen Lackbody ins Schlafzimmer tänzelt, drehen sich ihre Gedanken darum, um wie viel schlanker die Beine des Lackbody-Models im Katalog waren.

Genauso wenig sollten Sie sich durch Sexthemen in den Medien verpflichtet fühlen, Ihr Geschlechtsleben irgendwelchen Vorbildern anzupassen, sprich: Experimente durchführen, zu denen Sie mehr der Verstand als die wahre Lust verleitet hat. Keine Frau, nicht einmal die trendigste, verlangt von Ihnen, dass Sie im halbjährlichen Wechsel zwischen Kuschelsex und Hardcore pendeln. Verlangen Sie es umgekehrt auch nicht von Ihrer (jeweiligen) Partnerin! Nichtsdestotrotz dürfen Sie als Liebhaber einer demnächst wilden Partnerin dem Motto frönen: Get out of my dreams, get into my bed!

Kennen Sie Ihre Frau/Freundin überhaupt?

Diese Frage umfasst ein weites Feld. Sie sollten tatsächlich viel über soziale, körperliche und seelische Besonderheiten Ihrer Partnerin in Erfahrung gebracht haben, bevor Sie mit ihr den Wandel von einer Braven zu einer Wilden vollziehen wollen. *Individuelle Abstimmung ist nämlich das Zauberwort.* Gute Verführer sind stets exzellente Frauenkenner, die aus minimalen Informationen die richtigen Schlüsse ziehen und so den Frauen sofort das Gefühl vermitteln, verstanden zu werden und jemanden gefunden zu haben, der sich intensiv mit ihrem Wesen auseinander setzt. *Natürlich liegt es vielen Männern überhaupt nicht, mehr als die Adresse und Handynummer der Partnerin zu erforschen.* Darüber hinaus ist die Modeerscheinung der Freizeitpsychologen schon längst verschwunden und taucht eigentlich nur noch in esoterischen Kreisen auf. Aber Sie würden sich viele Umwege und Enttäuschungen sparen, wenn Sie die Geduld aufbrächten, einem braven Mädchen ein wenig in die Seele zu schauen, ihre Gewohnheiten zu studieren, ihre Ängste und Spleens herauszufinden, ja, und ganz banal zu wissen, was ihr wichtig ist. *Aus alltäglichen Gewohnheiten lässt sich vieles ableiten, was auch für das Sexleben von Bedeutung ist.* Achten Sie doch nur einmal auf die Kommentare, die Ihre Partnerin von sich gibt, wenn sie andere Frauen im Fernsehen oder in Zeitschriften sieht! Sie werden in kürzester Zeit wissen, wen sie verachtet, beneidet, fürchtet, wo sie sich überlegen, wo unzulänglich fühlt, mit welchem Frauenbild sie sich identifiziert und mit welchem sie absolut nicht konform geht. So sehen Sie schnell, wer und wie sie auch im Bett gern wäre, und wie sie sich ihren Partner wünscht. Erwarten Sie aber nicht, dass Sie fähig wären, den sexuellen Phantasien Ihrer Liebsten auf die Schliche zu kommen! Selbst wenn sie Ihnen bruchstückweise Einblick in ihre Filmwerkstatt gewährt und Sie sich den Rest zusammenreimen, werden Sie doch großteils in die Irre geführt. *Die echten Phantasien und Träume,* die eine Frau derart in Fahrt bringen, dass sie einen Orgasmus erlebt, ohne Hand an sich zu legen, tauchen entweder im Halbschlaf auf und sie wird sich schwer daran erinnern, oder sie *sind ein viel zu kostbarer Schatz* für einen Partner, den man vielleicht nicht bis ans Lebensende hat. Und da eine Brave sich kaum dabei erwischen lassen wird, wie sie nächtens vor dem Kühlschrank Eiswürfel auf ihren Brüsten zum Schmelzen bringt, sollten Sie zufrieden sein, ein paar kleinere Fische zu fangen. Natürlich würde sich die mühsame Detektivarbeit auszahlen, herauszufinden, wie, wo und womit sich Ihre Brave heimlich Befriedigung verschafft. Schließlich bedeutet brav ja nur, anderen gegenüber sexuelle Zurückhaltung zu üben. Sie müssen deswegen keine Wanzen und versteckten Videokameras installieren, auch wäre es höchst degoutant, in Gegenwart der Partnerin die Dinnerkerzen einem Geruchstest zu unterziehen und den Hauskater argwöhnisch anzustarren (Katzen mögen das ganz und gar nicht!). Aber Sie dürfen schon ein bisschen durchs Schlüsselloch spähen, wenn sich die Beste allein zu Hause wähnt … *Ganz brave Mädchen vertrauen ihrem Tagebuch alles an*, intime Bekenntnisse sind häufiger Bestandteil dieser Kritzeleien, doch leider tun Sie sich und Ihrer Partnerin nichts Gutes, wenn Sie einen unverzeihlichen Vertrauensbruch begehen, nur um zu lesen, wie Ihre Vorgänger mit kitschigem Lob überschüttet werden. Brave Mädchen erröten noch, wenn man sie bei «schändlichen» Gedanken ertappt. Ein kleiner Ausflug in die Küche, ein Glas Rotwein, ein frivoles Spielchen mit Zwergauberginen und anderen länglichen Früchten, und schon wird Ihnen mit etwas Glück sogar die Lieblingsphallusgröße Ihrer Partnerin serviert … Bei einer inszenierten Rauferei können Sie erkennen, ob Aggression die Brave in Fahrt oder in echte Wut bringt. Jugendliche scheinen zu wissen, warum sie sich erst balgen, bevor sie sich küssen. Hier scheiden sich nämlich bald die Geister. Und auch sonst bietet der Alltag ein reiches Spektrum an Informationen über das Wesen Ihrer Liebsten, das Sie mit vielen Fragen nur spärlich erfahren würden. Die schlechte Laune zum Beispiel, von Ihnen vorschnell als prämenstruelles Syndrom klassifiziert, könnte ganz andere Ursachen haben. Dazu müssten Sie nur ab und zu Telefongespräche mit der Familie anhören. Und auch der Gebrauch von bestimmten Kleidungsstücken, die vielleicht etwas kaschieren, verrät, warum sich Ihre Brave nur widerwillig in diese oder jene Position im Bett begibt. Als aufmerksamer Beobachter haben Sie die Chance, Geheimnisse Ihrer Partnerin aufzudecken, noch ehe sie den Mut findet, Ihnen etwas aus ihrer Vergangenheit zu erzählen, das sie auch beim Sex belastet. Niemand geht ohne größere oder kleinere Traumata durchs Leben, und Frauen verschweigen viel, wofür sie sich genieren. Gerade die Braven, die ohnehin um ihr perfektes Selbstbild ringen, werden sich hüten, Ihnen Dinge auf die Nase zu binden, die Sie vielleicht ins Lächerliche ziehen würden. Auch ein blutjunges und wohl behütetes Mädchen kann eine umwerfend intensive Vergangenheit haben … Das, was Ihnen wahrscheinlich am wenigsten Spaß machen wird und doch ungemein nützlich wäre, ist *die Auseinandersetzung mit dem Vorleben Ihrer Partnerin*, selbst wenn es sich um eine eher lockere Beziehung handelt. Sie brauchen dazu weder in Schubladen zu schnüffeln noch qualvolle Gespräche über diverse Ex zu führen. Sie sollten lediglich ein Bild davon bekommen, *was Ihre Partnerin gereizt, geschmerzt und geprägt hat.* Viele Frauen stellen sich nämlich derart intensiv auf ihren jeweiligen Gefährten ein, dass man durchaus von einer Prägung sprechen darf. Und vielleicht haben Sie, ohne es zu wissen, eine Lieblingsgeste, einen typischen Satz, der in Ihrer Partnerin böse Gespenster aus der Vergangenheit wachruft. Vermutlich wird es Ihnen Ihre Partnerin nie sagen, weil sie Sie nicht mit einem anderen vergleichen und dadurch verletzen möchte. Spielen Sie aber deswegen weder den Psychiater, noch den Detektiv oder Hellseher! Frauen mögen zwar jede Menge Geheimnisse haben, aber sie brennen darauf, sie kundzutun – zumindest in Andeutungen. Bei braven Mädchen sollte man hauptsächlich darauf achten, was ihnen peinlich ist. Minimale Dinge können eine Brave so stören, dass sie gar nicht mehr fähig ist, ihre Gedanken davon abzuwenden. Ermutigen Sie sie doch einmal in guter Stimmung, die peinlichste Geschichte ihres Lebens zu erzählen! Selbst wenn Sie nicht gleich die wirklichen Stolpersteine auf dem Weg zu einem freizügigeren Sexleben offeriert erhalten, lohnt sich der Versuch. Darüber hinaus sind auch andere Anekdoten, so übertrieben sie auch klingen mögen, aufschlussreich. Ja, sogar den lästigen Histörchen aus der Kindergarten- und Teeniezeit darf man ab und zu seine Aufmerksamkeit schenken. Sie bergen viele Sehnsüchte und Vorstellungen von Idealzuständen. Und dass Sie zwangsläufig dem Vergleich mit dem Vater ausgeliefert sind, wissen Sie ohnehin. Wenn Ihnen dies alles zu aufwendig für das Unternehmen erscheint, sollten Sie bedenken, dass für eine Frau beim Sex unglaublich viele Dinge zum Tragen kommen, die ein buntes Gemisch aus Vergangenem, Gegenwärtigem und in die Zukunft Projiziertem ergeben. *Lernen Sie Ihr braves Mädchen kennen, damit Sie wissen, wie wild sie werden kann!*

Hier liegen Ihre Chancen

Darf man einmal davon ausgehen, dass Sie sowohl Ihre Partnerin als auch Ihre Wunschvorstellungen gut genug einschätzen, um beide einander näher zu bringen, müssten Sie Ihre Chancen auf Erfolg richtig bewerten. Aber es ist ein heikles Unternehmen, den Punkt zu finden, wo sich die sexuellen Phantasien decken. Der Anfang der Übereinstimmung lässt sich noch leicht fixieren, doch die *Grenzzonen abzustecken*, wo für den einen vielleicht noch der ultimative Kick liegt, während der andere schon längst das höchste Abenteuer erreicht hat, *erfordert viel Menschenkenntnis*. Lassen Sie sich bloß nicht vom mütterlich-fürsorglichen Erscheinungsbild vieler Braver zu falschen Ideen verleiten!

Ein ähnlicher sozialer Hintergrund garantiert zwar noch keine größere Übereinstimmung der erotischen Neigungen, aber der Einstieg in die Materie ist etwas leichter. *Ihre Erfahrenheit und die Anzahl der Frauen, mit denen Sie das Bett geteilt haben, wiederum erhöht nicht zwangsläufig die Chance auf Erfolg bei einer Braven*, denn die extrem misstrauischen Braven könnte Ihre Routine abschrecken. Umgekehrt müssen Sie als blutiger Anfänger keineswegs die Furcht hegen, dass sie mit einer braven Partnerin nur beschwerlich ans Ziel Ihrer Wünsche gelangen. Optimale Voraussetzungen sind Flexibilität, Einfallsreichtum und Spielfreude Ihrerseits und eine – nennen wir sie nun einmal so – Liebestrunkenheit aufseiten Ihrer Partnerin, die ihr ein wenig die überwache Vernunft verschleiert. Hat die Zeit schon für ein gewisses Maß an Nüchternheit gesorgt, und währt das Bravsein Ihrer Herzdame länger als ein paar Jahre, sollten Sie Ihre Erwartungen schmälern, was nicht bedeutet, dass Sie auf Ihre schönsten Träume verzichten müssen. Der Weg dorthin wird allerdings umständlicher sein als im ersten Stadium der Verliebtheit, denn in einer Nacht können Sie zwar eine Jungfrau in eine Frau verwandeln, aber keine langjährig Brave in eine sexbesessene Wilde. Das bewirken nicht einmal Wunderpflanzen aus dem südamerikanischen Dschungel. Auch müssen Sie unterscheiden, ob Sie ein braves Mädchen kurzfristig wild auf Sex, wild nach Ihnen machen oder langfristig durch wilden Sex an sich binden möchten. Erstes ist leicht für beinahe jedermann erreichbar, Zweites eine mittelschwere Übung, das Dritte ein kontinuierlich schwieriger werdendes Kunststück. Aber welch ein schönes!

Hier liegen Sie falsch

Ohne Ihnen den Spaß am erotischen Verführspiel rauben zu wollen, muss doch auch das Erwähnung finden, was Sie vor Frustrationen bewahren soll. Es gibt nämlich Situationen, in denen Sie von vorneherein dabei zum Scheitern verurteilt sind, eine Brave auf die wilde Seite zu lotsen.

Zum Beispiel wird eine Brave, die sich in einer früheren Partnerschaft aus purer Verliebtheit zu sexuellen Extravaganzen hinreißen ließ und nach Beendigung der Beziehung der Lächerlichkeit ausgesetzt war, kaum jemals wieder genug Vertrauen für wildere Bettszenen finden. Selbst wenn Sie sie dazu bringen könnten, mit Ihnen von der herkömmlichen Linie abzuschweifen, wird sie keine wirkliche Freude an der Sache haben und viel, viel Theater spielen. Und gerade wilde Sexvarianten erfordern ein hohes Maß an Ehrlichkeit sich selbst gegenüber, weil die Kopfarbeit, die man beim Schwindeln und Vorgaukeln falscher Begeisterung leisten muss, sehr anstrengend ist (Kopfschmerzen!) und letzten Endes in Hass auf sich selbst und Ekel vor dem Partner mündet. Lassen Sie die Brave brav, erfreuen Sie sich echter Zuneigung und Leidenschaft, bevor Sie wilde Illusionen mit dem Bruch Ihrer Beziehung bezahlen!

In einem anderen Fall sollten Sie ebenfalls den Rückzug in seichtere Gefilde antreten, wenn nämlich religiöse oder andere kulturelle Barrieren die Frau in ein moralisches Dilemma stürzen. Eine Brave ist keineswegs identisch mit einer Klosterschülerin, aber eine religiöse Erziehung kann häufig hinter dem Bravsein einer Frau stecken, auch wenn sie es nicht wahrhaben will, weil sie vielleicht keinerlei Verbindung mehr zur Kirche hat. Eine Brave, die tief im Innern noch religiöse Gefühle hegt, könnten Sie mit Sexphantasien in Richtung geile Nonne zutiefst verletzen. Und ein braves Mädchen aus einem Kulturkreis, in dem die Jungfräulichkeit eine Grundbedingung für die Ehe darstellt, dürfen Sie einfach nicht als Objekt Ihrer Verführkünste missbrauchen, wenn Sie keine ernsten Absichten hegen. Das könnte für das Mädchen den gesellschaftlichen Tod bedeuten, abgesehen davon, dass auch Sie selbst arg in Bedrängnis geraten würden. Vermeiden Sie solche Gewissenskonflikte und respektieren Sie unbedingt die Grenzen, die Ihnen Ihre Partnerin hier setzt!

Anfang oder Neubeginn?

Wie schon erwähnt, macht es einen großen Unterschied, ob Sie mit dem Abschied vom Bravsein im Zuge des Besserkennenlernens oder zur Auffrischung einer eingefahrenen Beziehung beginnen. Aber noch einmal: Das Alter der Partner spielt hier keine Rolle. Wesentlich ist vielmehr, wie leicht man den Zugang zur Lust am Spiel findet.

Verliebtheit, der hormonelle Totalangriff auf den Verstand, sichert den leichtesten Einstieg in wilde Erotik. Aber – Vorsicht! – nicht unbedingt den schönsten, denn immerhin ist man ja geradezu mit Blindheit geschlagen, und was man im Rausch der Gefühle alles anstellt, kann beim unvermeidlichen Nachlassen des hormonellen Deliriums als beschämend und sogar abstoßend empfunden werden. Und auch den Partner in seinem physischen und psychischen Erscheinungsbild trifft plötzlich das harte Licht der Wirklichkeit. Da kann es schon vorkommen, dass die Brave lieber brav geblieben wäre angesichts der nun doch sehr störenden Froschzehen und gruseligen Muttermale. Brave in ihrem Hang zur Reflexion leiden in einer solchen Situation weitaus mehr als andere. Schuldgefühle mischen sich unter die Zweifel an der eigenen Lust. Für sie ist es tatsächlich wie der Sündenfall, weil sie den Verlust ihres Bravseins in unmittelbarem Zusammenhang mit der späteren Ernüchterung sehen. Jetzt sehnen sie sich nach dem paradiesischen Zustand der Verliebtheit vor den allzu wilden Spielen. Darum sollte «Mann» sich gerade dann, wenn alles wie von selbst zu laufen scheint, weil man ja ohnehin so gierig nach dem Körper des Anderen ist, extra viel Zeit für gewagtere Sexvarianten lassen. Im besten Fall warten Sie mit schärferen Dingen die Zeit der hormonellen Umstellung vom puren Drang nach Vereinigung auf partnerschaftliche Gefühle ab, was leider einen Zeitraum von einigen Monaten bis zu drei Jahren einschließen kann. Aber wenn Sie Ihre Brave lange glücklich an Ihrer Seite haben wollen, dann bringen Sie sie unendlich langsam in Fahrt. Im Englischen gibt es fürs Liebemachen ja den schönen, obwohl sehr machomäßigen Ausdruck «to give her the time». Nichts klingt außerdem beruhigender als «you've got all the time of the world». Im Zuge der Verliebtheit, besonders sobald auch räumliche Distanzen eine Rolle spielen, ist «Mann» drauf und dran, der Partnerin die ganze Palette erotischer Künste in wenigstens drei Abenden zu servieren, und oft hat es den Anschein, als würde in den kurzen Verschnaufpausen das Hirn mit Fragen gemartert wie: «Wie geht denn bloß diese ungarische Beinschere? Hab ich dann die wesentlichen Stellungen durch? Prima, alles erledigt. Dame beeindruckt. Passt.» Eine Brave hasst aber nichts so sehr wie das Gefühl, übertölpelt und das Opfer einer Verstandesschwäche geworden zu sein.

Fangen Sie auch deshalb langsam an, weil die Ernüchterung Ihnen ebenso wenig erspart bleibt wie der «Braven»! Trotzdem gehört es zu den schönsten Dingen im Leben, sich frisch verliebt auf den Weg in die Wunderwelt der Erotik zu machen, diesen oder jenen Lustgarten zu besuchen und doch ein wenig wie Adam und Eva Entdecker im Paradies zu sein.

Anders verhält es sich beim Neubeginn in einer Beziehung, wenn sozusagen die Brave zu brav geworden ist und Sie das gern ändern wollen. Hier hilft Ihnen leider nicht Amor mit einem Pfeil und einer Augenbinde wie bei den frisch Verliebten, aber Sie haben einen Trumpf: Sie werden von Ihrer Partnerin mit Leib und Seele so angenommen, wie Sie sind. Erwarten Sie aber keine radikale Änderung! Eines ist ausgeschlossen, nämlich, dass Ihre Partnerin neu wird. Das ganz bestimmt nicht. Sie kann sich die Haare färben wie noch nie, andere schneiden und rasieren wie noch nie, schlanker und faltenloser sein als je zuvor, in Dessous hereinspazieren und Dinge sagen, die Ihnen Augen und Ohren übergehen lassen, aber sie ist und bleibt dieselbe Frau. Wenn Ihnen nämlich Ihr Verstand weisgemacht hat, dass Ihre Brave nur ein wenig an sich herumbasteln und wilder sein müsste, damit Ihr Bester wieder aus der Pyjamahose blinzelt, haben Sie die Rechnung ohne den Wirt gemacht, der Ihre Lust steuert und Ihnen flüstert: «Abwechslung heißt andere Frau.» Nun liegt es an Ihnen, wie sehr Sie sich einer Illusion hingeben und Ihre Frau plötzlich wie eine Fremde betrachten können. Der Einstieg ist ein schwieriges Unterfangen, weil eine Brave bald mutmaßen wird, dass sie Ihnen nicht mehr gefallen und sexuell genügen könnte. Dann schließt sich die Muschi/el und stellt sich für alle Verführungskünste unempfänglich. Aber sobald es Ihnen gelungen ist, Ihre Partnerin auch nur ein bisschen für Ihre Ideen zu begeistern, kann alles schnell gehen. Das Tempo gibt freilich die Brave vor! Sie brauchen anders als frisch Verliebte nicht die Ernüchterung zu fürchten, Liebe und Vertrauen haben die ärgsten Bewährungen überstanden, und so gelangen Sie wahrscheinlich effizienter an extremere Ziele als die Liebesblinden.

VERFÜHRUNG DIE KUNST DER

Das müssen Sie über Frauen wissen

Es ist schon erstaunlich, wie wenig Ahnung Männer (und auch Frauen!) von der weiblichen Biologie haben. Und das bei all den Möglichkeiten, sich ohne viel Aufwand zu informieren. Da dauert es oft bis zum Geburtsvorbereitungskurs, ehe man weiß, wie die seltsame Höhle, in die «Mann» so abenteuerlustig stößt, eigentlich von innen aussieht. Dabei scheint es eigentlich von Experten nur zu wimmeln, die beim Schlagwort PC-Muskel freilich nicht an Computer denken, sondern grinsend die Pobacken zusammendrücken, wie man's eben lernt, wenn man bei den Aufklärungsshows diverser Sender ordentlich aufpasst. Vielen Frauen ist ihr Leben lang nicht klar, wie «das alles» funktioniert, und so ist die Furcht, dass Überinformation der Tod der Romantik wäre, völlig unbegründet. Nach wie vor, trotz Pille, Spirale und der Renaissance des Kondoms, erleben unzählige Liebespaare das Zittern und Bangen, wenn die Regel ausbleibt, lassen sich Männer die nettesten Märchen über den Eisprung auftischen, um dann ein Kuckuckskind ihr Eigen zu nennen (bei einer geschätzten Rate von 10 Prozent in Deutschland muss man einfach annehmen, dass es um das Biologiewissen schlecht bestellt ist). Und nach wie vor ist das Lieblingsthema der Frauen der fehlende Orgasmus – ganz wie in viktorianischen Zeiten, wo man sich nur einer etwas blumigeren Sprache bediente, um über mangelndes männliches Feingefühl zu klagen. Vielleicht müssen wir alle glücklich darüber sein, dass sich unser Verstand so erfolgreich gegen die massiven Belehrungen gewehrt und uns die Möglichkeit erhalten hat, beim Sex und seinen Folgen noch richtig ins Staunen zu geraten. Wahrscheinlich hätten wir überhaupt kein Vergnügen mehr daran, würden wir beim

Vögeln an Organe, Drüsen und Biomechanismen denken. *Andererseits setzt die Verführung einer Braven ein hohes Maß an Frauenkenntnis voraus, und Letztere sollte doch auch den Körper einschließen.* Das will nicht heißen, dass nun eine Abhandlung über die weibliche Anatomie folgt. Ihr Augenmerk soll lediglich auf Dinge gelenkt werden, die Ihnen ein besseres Verständnis für das Verhalten einer Frau, speziell einer Braven, ermöglichen und mit falschen Gemeinplätzen aufräumen.

*Der **Busen***

Kaum ein menschliches Organ bereitet Männlein und Weiblein ebenso viel Lust wie Kopfzerbrechen. Da sind es Form und Größe, die sich an keine Regel halten und nichts darüber aussagen, wie sich die Besitzerin beim Sex verhält, wie viele Kinder sich damit ernähren ließen und erst recht nicht darüber, wie sich das Alter, diverse Cremes und Spezialgymnastik auswirken werden. Der Busen ist kein Muskel, auch wenn das viele Menschen ungern glauben, und ein Drüsengebilde unterliegt allenfalls hormonellen Einflüssen, keineswegs aber der straffenden oder aufbauenden Dynamik eines Trainings. Das hartnäckige Festhalten an der Negation dieser Tatsache bringt Frauen immer dazu, ihren Busen überkritisch zu betrachten und sich selbst die Schuld zuzuweisen, wenn er ihren Vorstellungen nicht entspricht. Hier liegt ein ganz wesentlicher «Knackpunkt», wenn es darum geht, eine Brave zu verführen. Die Unzufriedenheit mit dem eigenen Busen übersteigt noch die eigentlich meistgenannte, nämlich jene, die den **Po** betrifft. Da Frauen aber durch die eben erwähnte Fehlmeinung davon überzeugt sind, dass sie wenig an der Beschaffenheit des Hinterteils, das sie überdies auch nur schwer sehen und beurteilen können, dafür umso mehr am Erscheinungsbild des Busens ändern könnten, wird er zum Angelpunkt ihrer Sehnsüchte und ihres Selbstvertrauens. Ein Mann, der fähig ist, seine Partnerin mit Vernunft von der individuellen Schönheit ihres Busens zu überzeugen, hat eigentlich schon gewonnen. Aber leider kursieren auch unter Männern die alten Ammenmärchen und Phantasiegeschichten über das «weiblichste» Stück der Frau.

So wohnt in einem großen Busen noch lange keine durch und durch mütterliche Seele, die die Hoffnung des Mannes auf Fürsorge und Pflege ohne Umschweife erfüllt. Zwar wäre diese Annahme gar nicht so falsch, wenn man in Betracht zieht, dass ein großer Busen auf eine eher östrogen betonte Frau mit weicheren Zügen, glänzendem Haar und «typisch» weiblichem Körperbau schließen lässt, also dem Urmenschen im Mann signalisiert, dass eine Paarung gute Chancen auf langfristigen Erfolg mit Brutpflege usw. hätte. Aber die Steinzeit ist doch schon etwas lange her, und die angeblichen Urtriebe müssen für genug Entschuldigungen herhalten. Ein kleiner Busen darf deshalb keinesfalls als Indiz für Knabenhaftigkeit, Sportlichkeit oder gar mangelnde Liebesfähigkeit gewertet werden. Was die Empfindsamkeit betrifft, steht der «kleine» dem «großen» in nichts nach, im Gegenteil.

Und wieder gilt es, ein Vorurteil aus dem Weg zu räumen: Die *Brustwarze* ist nicht, wie allgemein angenommen, der Teil der weiblichen Brust, der am heftigsten auf erotische *Streicheleinheiten* reagiert (wohl aber auf Saugreize, Knet-, Zug- und Druckbewegungen). Die Zone oberhalb der Brustwarze und die Außenseiten der Brust freuen sich angeblich weit mehr über zärtliche Berührungen als das innere und untere Viertel des Busens oder etwa die Spitze der Brustwarze. Das verwundert auch die Frauen, denn schließlich findet über die Brustwarze beim Stillen sozusagen ein «Zwiegespräch» zwischen dem Säugling und der Mutter statt, und die Reize, die im Gehirn anlangen, lösen Reaktionen nicht nur im Busen, sondern auch in der Gebärmutter aus. Wie dem auch sei, der Busen ist hoch empfindlich, und leider vergessen viele Männer, dass Frauen beim Sex auch den Busen in die Hand genommen haben wollen. Manche Frauen brauchen unbedingt die Beschäftigung mit ihrem Busen und den Brustwarzen im Speziellen, um überhaupt zum Orgasmus kommen zu können. Eine Vernachlässigung dieses schönen Körperteils während des eigentlichen Verkehrs (die meisten Männer bemühen sich während des Vorspiels durchaus um den Busen) ist also eine grobe Sünde in der Kunst der Verführung.

Andere «Fehler» können dann passieren, wenn man vergisst, wie empfindlich die Reizleitung zwischen Gehirn und Busen reagiert, und wie schnell eine gedankliche Störung dem sensiblen Busen den Spaß verdirbt. Da nützt dann kein Rubbeln und Zwicken, der Busen stellt auf stur und gibt sich unempfindlich gegenüber allen mechanischen Reizen! Am Busen hängt in hohem Maß das Selbstwertgefühl einer Frau, also passen Sie hier besonders auf! Verlangen Sie von keiner Flachbrüstigen Sex «nach spanischer Manier», denn den Effekt der Massage für Ihren Penis erzielen Sie nur zwischen wohl gefüllten Brüsten! Hüten Sie sich tunlichst vor vorschnellen Bemerkungen, sollten Sie irgendwelche

Narben am ansonst makellosen Busen entdecken! Bleistifttests und ähnlicher Unsinn, um die Gefahr eines Hängebusens zu orten, sind Mädchen bei pubertären Spielen vorbehalten, Sie aber müssen schon genauestens aufpassen, werden Sie je in die Verlegenheit gebracht, die Körbchengröße zu schätzen! Halten Sie sich an die alte Regel, wonach sich eine Magere über etwas mehr, eine ohnedies gut Ausgestattete über weniger freut. Und sollten Sie zu jenen Männern gehören, die von Riesenbrüsten an einem anorektischen Mädchen träumen, muss Sie wohl ein Schönheitschirurg darüber aufklären, was in der Natur möglich ist und was nicht.

*Die liebe **Muschi***

Behaupten Sie bloß nicht, sie wüssten alles, wenn sogar der G-Punkt noch immer eine Streitfrage sogar unter Medizinern ist und die Literatur zu diesem geheimnisvollen Körperteil alljährlich gigantische Zuwächse verzeichnet! Muschimärchen werden immer Bestand haben, ebenso wie der männliche Brauch, sich das Wissen über weibliche Geschlechtsmerkmale mittels Witzen und Kneipengeschichten anzueignen. Weh dem, der keine große Schwester hat! Daneben dauert es bei manchen Mädchen bis weit in das Erwachsenenleben hinein, ehe sie ihre Scheide das erste Mal im Spiegel betrachten. Freilich kommen heterosexuelle Frauen nicht gerade häufig in den Genuss, andere Vulven in natura zu studieren, doch trotzdem irritiert die Tatsache, wie erstaunt die meisten Frauen reagieren, wenn sie ihrer Konkurrenz via Foto oder Video zwischen die Beine schauen. Ein Mann mit wenig Erfahrung sollte sich daher ebenfalls auf eine ungeheure Formen-, Farben- und Größenvielfalt gefasst machen, wenn er das Studium der Weiblichkeit beginnen möchte ... Gerade hier gilt, dass keine Frau wie die andere ist und sich keine Regeln für die Beschaffenheit der Schamlippen usw. aufstellen lassen. Und was Unsicherheit und Zweifel an der idealen Gestalt angeht, übertrifft die Angst der Frauen, ihre Muschi könnte zu groß, zu weit, zu trocken usw. sein, die viel zitierte Penisfrage des Mannes bei weitem. Allerdings wird unter Frauen eisern geschwiegen und gerätselt. Und fleißig der **PC-Muskel** trainiert, den wiederum die wenigsten richtig kennen (Es ist jener, mit dessen Hilfe der Harnstrahl unterbrochen werden kann!) Brave Frauen, auf der ewigen Suche nach eigenen Unzulänglichkeiten, haben hier ein riesiges Betätigungsfeld. Wenn sie schon aufgegeben haben herauszufinden, ob ihre Muschi nun der Elefantenkuh eher zuzuordnen ist als der Gazelle, quälen sie sich bestimmt jahrelang mit der Frage, wie appetitlich die Vagina ihrem Partner erscheint. Immerhin kennen Frauen die bösen Anspielungen auf den angeblichen Fischgeruch zwischen ihren Beinen und leiden bitter darunter, dass man gern von einem «Milieu» (welch ein Ausdruck!) spricht, wenn von ihrer Scheide die Rede ist. Darüber hinaus trägt die «blutige» Geschichte der monatlichen Regel wenig dazu bei, einer Frau klar zu machen, wie verlockend ihre Muschi für den Oralverkehr wäre. Rothaarige fürchten, dass sie zu animalisch schmecken, während Blonden die milchig-saure und Schwarzen die herbe Note unterstellt wird. Dabei hängt der Geschmack neben anderen Faktoren vornehmlich von den Ernährungsgewohnheiten ab. «Himbeermuschis» schmecken besser ... Mehr davon später (s. Oralverkehr). *Jedenfalls basiert ein Großteil der Hemmungen, die Brave an den Tag legen, auf Unsicherheit im Zusammenhang mit ihrem weiblichen Geschlechtsteil.* Ein guter Liebhaber könnte wesentlich davon profitieren, diese Ängste gleich von Anfang an zu beseitigen, doch in unseren Breiten ist trotz der Hinwendung zur asiatischen Kultur wenig von der Kunst zu spüren, gerade der viel geschmähten Scheide mit verbalen Liebkosungen zu huldigen. Deshalb brauchen sich Männer nicht zu wundern, warum Frauen Oralsex oft nur mit gleichgeschlechtlichen Partnerinnen richtig genießen können oder davon träumen, von einer Frau begehrt zu werden. Aufgeklärte Männer wissen zwar längst, wie viel Beachtung der klitoralen Stimulation geschenkt werden muss, doch an die simple Bewunderung der Vulva denken sie nicht. Neben dem Tabuthema «Wie schmeckt denn nun meine Muschi?» würde noch ein anderes viele Seiten füllen: die Auswirkung einer Geburt auf die Vagina. Glauben manche Frauen und Männer, Penisgröße und Häufigkeit des Geschlechtsverkehrs hätten einen Einfluss auf die Gestalt der Muschi, so denken fast alle Frauen, dass nach der Geburt eines Kindes von der Liebesgrotte bestenfalls noch eine schöne Erinnerung übrig bleibt und nichts mehr ist wie vorher. Welch ein Unsinn! Selbst der bestbestückte Mann müsste enttäuscht feststellen, dass sein Riesenpenis in der Vagina einer Frau keinen bleibenden Eindruck hinterlässt. Frauen sind eben in mancher Hinsicht enorm anpassungsfähig! Und was die Geburt betrifft, geht auch diese generell «spurlos» vorüber, es sei denn, der Damm trägt schlecht geheilte Narben davon. Aber «ausgeleierte Muschis» gibt es wirklich nur in derben Männerwitzen.

Da die Geburt eines Kindes oft als Auslöser für ein plötzliches Absacken der sexuellen Lust fungiert, muss dieser Umstand doch Erwähnung finden, auch wenn Männer, die ein braves Mädchen wild machen wollen, wahrlich anderes im Sinn haben als Schwangerschaft und ihre Folgen. Aber eine Schwangerschaft stellt immer einen immensen Einbruch im Leben einer Frau dar, der sich ebenso positiv wie negativ auf das sexuelle Verlangen auswirken kann. Als Mann sollten sie wissen, dass eine Frau durch die Schwangerschaft und die Geburt ein anderes Bild von ihren Geschlechtsorganen hat und deren Funktionen erst richtig am eigenen Leib erfahren konnte. Viele Frauen erleben nach der Geburt den Orgasmus intensiver, andere hingegen müssen lange mit einer geminderten Lust rechnen, oft rein deswegen, weil sie sich noch nicht schön bzw. schlank genug finden.

Die ***Klitoris*** oder der «Kitzler»

Sie ist nicht nur der wichtigste Teil der «Muschi», vom erotischen Standpunkt betrachtet, sondern das sichtbare Lustzentrum schlechthin. Entwicklungsgeschichtlich eng mit dem Penis verwandt, verhält sie sich auch ähnlich wie er. Sie reagiert auf leise Berührungen wie Streicheln und Klopfen, verschmäht aber auch eine etwas gröbere Behandlung nicht. Aber wehe! Kurz nach dem Höhepunkt mag sie keine Reibereien! Die Variationsbreite des äußeren Erscheinungsbildes ist mindestens so groß wie beim Busen. Das heißt, dass vom glänzenden Stecknadelköpfchen bis zu einer beeindruckenden Knospe alles im Rahmen des Natürlichen bleibt. Bei Erregung schwillt die Klitoris infolge der höheren Blutzufuhr ebenso an wie die sie umgebenden Schamlippen, doch wird sie nicht von selbst feucht. Sie lechzt beim Sex aber sehr danach, denn trocken gerieben vergeht ihr der Spaß. Auch wenn es den Anschein hat, als wäre der vaginale Orgasmus der «tiefere», *und obwohl der «klitorale» als der Jungmädchenhöhepunkt* verschrieen ist, bleibt der leicht erregbare Wächter am Eingang ins Paradies derjenige, mit dem sich jeder Mann gut stellen sollte. Ohne ihn läuft gar nichts, denn zumindest den Hals will er gekrault haben, bevor er die Zustimmung zu hohem Lustempfinden gibt. Auch lange Bewunderung und Lob nicht vergessen!

Die ***Menstruation***

Sie spielt nur allzu gern eine entscheidende Rolle, wenn Frauen die Lust auf Sex vergeht. Nicht etwa, weil ihnen die Hormone wieder einmal den Appetit verderben – das Gegenteil ist der Fall! –, sondern *weil brave*

Mädchen ihr Bett nicht schmutzig machen wollen und sich furchtbar hässlich vorkommen. Immerhin legen die meisten Frauen in der Zeit kurz vor der Periode etwas an Gewicht zu, da mehr Wasser im Gewebe gespeichert wird. Außerdem neigt die Haut zu Unreinheiten, die Brüste können ziehen und spannen, die Haare lassen sich schlecht frisieren ... Mit einem Wort: Am liebsten würden sich manche Frauen jetzt verstecken, obwohl sie gerade in dieser Zeit höchste Sehnsucht nach Sex und Zärtlichkeit haben. Besonders Letzteres! Schmerzen sind freilich ein echtes Hindernis. Aber: Die Schmerzen, die auf Verspannungen zurückzuführen sind, würden mit Sex leichter vergehen ... Manche Frauen nützen die Tatsache, dass die Periode durchaus schmerzhaft sein kann, weidlich aus, indem sie ihre monatliche Regel als Vorwand für alle möglichen Handlungseinschränkungen angeben. Vielleicht sollten Sie sich als Mann in diesem Zusammenhang merken, dass Sportlerinnen gerade während ihrer Regel enorm leistungsfähig und schmerzunempfindlich sind. Überhaupt droht keine Frau zu «verbluten» oder an Anämie zu sterben, nur weil sich mehrere Tampons rot färben. Die abgesonderte Blutmenge während der Regel ist sehr gering, der Großteil der Flüssigkeit setzt sich anders zusammen. Dass die Scheide ein wenig anfälliger für Entzündungen ist, spricht als einziger körperlicher Grund gegen Sex während der Periode. Die viel zitierte üble Laune während der «Tage» rührt manchmal auch daher, dass eine Frau unter einer extremen Belastung gelitten hat, eben weil sie vielleicht Ängste oder Hoffnungen, die an die Regel gebunden waren, verschweigen musste. Darüber hinaus bringt eine Blutung ganz banale Unannehmlichkeiten mit sich wie hygienische Sorgen, wenn man unterwegs ist, Kleiderfragen, weil der dickere Bauch kaschiert werden soll, usw ... Einen Mann interessiert dieses Thema eigentlich nur als Rechenaufgabe in Vaterschaftsfragen. Und offenbar hapert's da gewaltig. Denn die Tücke am weiblichen Zyklus ist dessen Abhängigkeit von einer Vielzahl innerer wie leider auch äußerer Faktoren. Selbst geübte Anhänger natürlicher Verhütungsmethoden müssen – rein statistisch gesehen – doch mit einer hohen Wahrscheinlichkeit einer Schwangerschaft innerhalb von drei Jahren rechnen, nur um die Empfindlichkeit des weiblichen Hormonsystems zu zeigen.

Der weibliche ***Orgasmus:***

Das ist fürwahr kein thematisches Neuland, wo doch inzwischen der letzte Eremit eine gute Vorstellung davon hat, wie man die Frau zwischen klitoralen und vaginalen Orgasmen zur Ekstase treiben kann! Den G- und diverse andere wichtige Punkte als Schaltzentralen der totalen Erregung findet auch der Dümmste im Handumdrehen (fast wörtlich zu nehmen!), und wer immer noch nicht weiß, wie eine Frau aussieht, der's gerade wunderbar «kommt», sieht sich ein paar Videos (sogar jugendfrei) an, dann kennt er den echten Brunftschrei durch alle Generationen. Das Seltsame an der geradezu fanatischen Beschäftigung mit diesem Thema und der lückenlos erscheinenden Information ist die Tatsache, dass *die* Frage schlechthin nie wirklich ausreichend oder auch nur annähernd richtig beantwortet wird, nämlich: Woran merkt ein Mann, dass seine erotischen Bemühungen von Erfolg gekrönt waren? Was ist authentisch, was vorgetäuscht? Erstaunlicherweise ist aller Aufklärung zum Trotz der Orgasmusschwindel das Lieblingsspiel der Frauen geblieben. Ja, sie geben dies ebenso freimütig wie stolz zu, während sich die Männer jahrelang die Köpfe zermartert haben, wie sie denn ihren Partnerinnen die große Lust verschaffen könnten. Einen Frauenkenner wirft das nicht um, weiß er doch, dass Frauen einfach Lust am Schwindeln haben. Er genießt, brüllt vielleicht auch – und schweigt. Hier nun nur das Wichtigste, das Ihnen zeigen soll, worauf sie gefasst sein müssen:

Es gibt tatsächlich untrügliche Zeichen für den sexuellen Höhepunkt bei einer Frau, die sich nur sehr schwer vortäuschen lassen. Allerdings variiert deren Ausprägungsgrad und garantiert noch keinen «eindeutigen» Beweis:

- *Die Brust vergrößert sich, der Warzenhof schwillt an, verfärbt sich ein wenig dunkler, die Brustwarzen werden länger und dicker.*
- *Der Puls beschleunigt auf 150 Schläge pro Minute, gleichzeitig steigt der Blutdruck auf 200–250.*
- *Die Atmung ändert sich, sie wird kürzer, keuchender, die Nasenflügel weiten sich.*
- *Die Haut rötet sich. Flecken bilden sich besonders häufig am Hals und auf der Brust.*
- *Fußsohlen und Handinnenflächen werden heiß. Schweiß bildet sich an ihnen und auch an anderen Körperstellen, sehr typisch auf Stirn und Oberlippe.*
- *Bei vielen Frauen krümmen sich während des Höhepunktes die Finger oder Zehen. (Das kann man aber spielen!)*
- *Ein Griff auf die Bauchdecke knapp oberhalb des Schamhügels würde die Kontraktionen der Gebärmutter spüren lassen.*

- *Die Feuchtigkeit der Vagina müsste deutlich erhöht sein, auch wenn sie zuvor schon alles andere als trocken war.*
- *Die weibliche Ejakulation gibt es wirklich. Sie ist allerdings nur bei jenen Frauen ausgeprägt, die einen gut trainierten PC-Muskel und einen G-Punkt-Spezialisten als Partner haben. Manche Frauen, und hier zählen die Braven oft dazu, nützen ihre Körperbeherrschung (bewusst oder unbewusst), um mittels dieser «Sturmflut» das Liebesspiel abzubrechen. So wahren sie das Gesicht (für den Partner sind sie Sexgöttinnen) und brauchen sich dennoch nicht völlig hinzugeben.*

Dies ist natürlich die Stunde des nun schon oft erwähnten PC-Muskels, den gewiefte Frauen ebenfalls für ihre Schauspielerei missbrauchen. Sie stöhnen nämlich nicht nur, verdrehen geschickt die Augen, schnaufen heftig und laut, sondern spannen den Muskel in kurzen Abständen an, um die Kontraktionen der Gebärmutter zu imitieren. Brave Mädchen, die sich ja nicht gehen lassen wollen, haben so noch immer alles im Griff, sprich, den Körper perfekt unter Kontrolle. Da hilft nur eines, um sie auszutricksen: weitermachen trotz Gestöhne und Theater, bis das Gesicht der Braven aussieht wie bei einer Erdbeerallergie!

Es gäbe noch etwas Interessantes über die plötzliche Flüssigkeitsabsonderung während des Höhepunktes zu sagen, aber eine letzte Chance muss man den Superschwindlerinnen doch zugestehen …

In diesem Zusammenhang sollte jeder Mann wissen, dass der Orgasmus unter wenig oder gar keiner Beteiligung der Klitoris (die ja nicht nur aus einem kleinen Knöpfchen besteht) Seltenheitswert hat, zumindest im Vorspiel sollte ihr daher genügend Aufmerksamkeit geschenkt werden. Dies gilt vor allem bei Stellungen a tergo oder eben beim Analverkehr. Seien Sie also zu Recht misstrauisch, wenn Sie vom Superorgasmus beim Quickie von hinten im Stiegenhaus hören, bei dem keine Hand im Spiel war!

Und was das Stöhnen an sich betrifft, können Sie wohl damit leben, dass es doch hauptsächlich Ihrer Freude dient und nicht zwangsläufig den Orgasmus begleitet. Schließlich sind Frauen beim Masturbieren auffallend leise, und ganz junge Mädchen stöhnen höchstens, weil die Lage unbequem ist. Aber wem wird das den Spaß verderben?

Verführung nach Plan?

Nach allem, was Sie jetzt über Frauen wissen, liegt es an Ihnen, wie viel Sie bei der Kunst der Verführung dem Zufall überlassen. Sie können sich einen regelrechten Strategieplan ausdenken und sich streng daran halten, Sie dürfen sich auch nach der Gunst des Augenblicks richten und spontan auf alles reagieren, was da kommt, oder Sie bevorzugen die «Steinzeitmethode», indem Sie Ihrer Auserwählten zuerst einen Leckerbissen, dann Ihren in Luststellung befindlichen «Burschen» zeigen und sie schließlich ruck, zuck! aufs Bärenfell drücken. Hauptsächlich hängt diese Entscheidung von Ihrem Temperament und der Zeit ab, die Sie in eine Verführung investieren wollen. Ein Ziel muss in jedem Fall Ihr oberstes Gebot sein:

Die Brave sollte möglichst viele echte(!) Orgasmen erleben.

Nur so wird sie tatsächlich «wild» und will mehr und mehr und noch mehr! Lassen Sie sich deshalb nur dann auf gespielte Höhepunkte ein, wenn sie für die Selbstsicherheit der Braven und eine schrittweise Vertrauensbildung notwendig sind!

Wenn Sie es chaotisch angehen wollen, geben Sie automatisch der Partnerin die Zügel in die Hand, und dann brauchen Sie viel Zeit. Etwa, bis eine Brave herausgefunden hat, ob sie sich schön genug für einen Stellungswechsel fühlt ...

Ein kleiner Strategieplan ist vor allem vonnöten, wenn Sie schon lange auf eine freiwillige Änderung warten oder eben nur wenig Zeit haben. Er sollte die Verführung einfach ein bisschen straffen und sanften Druck erzeugen. Aber Vorsicht! Die Brave sollte genau von diesem Druck nicht in die Flucht geschlagen werden. Sie müssen also das Kunststück vollbringen, Ihre Partnerin glauben und fühlen zu lassen, dass Sie ihr alle Zeit der Welt schenken, während Sie unerbittlich in die von Ihnen gewünschte Richtung drängen.

Im berühmten «Kopfkissenbuch» wird sehr schön beschrieben, wie eine solche «Verführung nach Plan» vor sich geht. Mit japanischer Präzision wird ein Ritual befolgt, in der in einer vorgegebenen Zeit, konkret im Verlauf von ein paar Tagen, eine Jungfrau zur Frau gemacht wird. Dabei wird ihr so viel Aufmerksamkeit geschenkt, dass sie wahrscheinlich vergisst, dass alles «nach Plan» läuft. Nun müssen Sie freilich nicht damit anfangen, täglich ein rohes Eigelb zu schlucken und den Rest auf den Innenschenkeln Ihrer Partnerin zu verteilen, aber es sollte Ihnen eine Idee davon geben, wie eine Verführung in einem zeitlich festgesetzten Rahmen Platz finden kann. Selbst wenn Sie dazu neigen, alles in schriftlicher Form niederzulegen, verzichten Sie in diesem Fall darauf und trainieren Sie lieber Ihr Gedächtnis! Schließlich handelt es sich um einen Geheimplan! Folgende Punkte sollten Sie berücksichtigen:

- *Wählen Sie für den Einstieg einen Zeitpunkt, an dem die Brave nicht kurz vor oder in den «Tagen» ist. (Vielleicht können Sie einen Blick in ihren Intimkalender werfen oder körperliche Anzeichen richtig deuten.)*
- *Stressfaktoren wie bevorstehende Familienfeiern beachten!*
- *Alles, was als romantischer Anlass gewertet werden kann, ausnützen! Vierteljahrestag, Namenstag, Hundegeburtstag …*
- *Der Theorie sollte unmittelbar die Praxis folgen. Brave dürfen keine Zeit zum Nachdenken haben, sonst müssen Sie wieder von vorne anfangen!*
- *Setzen Sie beim nächsten Mal sofort dort an, wo Sie zuvor erfolgreich gelandet sind, und gehen Sie einen Schritt weiter, damit Sie zu einem Fundament kommen, auf das Sie bauen können! Lassen Sie der Braven keine Chance, etwas als Ausrutscher wegzuschummeln, es sei denn, sie möchte wirklich nichts mehr damit zu tun haben!*
- *Wenn möglich, entlocken Sie Ihrer Liebsten in bester Stimmung Versprechen für eine weitere Steigerung beim nächsten Mal. Brave Mädchen halten ihr Versprechen, wenn sie gut dastehen wollen.*

Selbstverständlich liegen Welten zwischen der Verführung zur Fellatio und der zu einer Menage à trois. So können Sie sich heute den Bauch, morgen die Penisspitze küssen lassen und übermorgen …, aber bei der Umsetzung von komplizierteren erotischen Phantasien, wo es vielleicht gar zu einer weiteren Person im Bett kommt, müssen Sie sich schon wesentlich mehr Zeit lasssen, egal, wie «wild» die Brave inzwischen ist. Da sind winzig kleine Schritte angesagt und nicht der Sprung vom Heftchengucken in den Swinger-Club! Unter Männern gilt ja die Faustregel bei Neubekanntschaften: Zweimal essen gehen und dann ab ins Bett. Für einen echten Verführungsplan ist sie aber uninteressant. Ein Urlaub wiederum, der meist doch nur ein paar Wochen dauert, ist einerseits bestens für eine Verführung nach Plan geeignet, weil viele Störfaktoren zugunsten enthemmender Reize wegfallen, doch andererseits kann die kurze Zeitspanne unnötig viel Stress bei Ihnen auslösen.

Am bequemsten für die Verführung einer Braven, die bereits Ihr Leben teilt, ist wahrscheinlich ein Zeitplan, der von einem privaten Jubiläum zum nächsten reicht, also ein Jahr umschließt. Da kann dann aber alles drin sein ... Bei unsicheren Verhältnissen ist wohl ein «Crashkurs» angebracht, wo sich innerhalb weniger Wochen herausstellt, wie weit Sie jemals kommen. Hochriskant, aber ausgestattet mit dem Bonus der Verliebtheit, sprich: PEA (= Phenylethylamin).

Die Wahl der Waffen

Der Erfolg einer Verführung steht und fällt damit, was Sie zu bieten haben und wie geschickt Sie diese Mittel einsetzen. Ihre Partnerin soll mehr Sex wollen – wo und wie wirken Sie denn sexy?

Das, was Sie selbst an Ihnen mögen, werden auch andere begehrenswert finden, und was Sie im alltäglichen Leben besonders gut beherrschen, wird Ihnen auch bei der Kunst der Verführung helfen.

Wenn Sie zum Beispiel eher beim Sport als bei intellektuellen Gesprächen punkten können und Ihre Partnerin sich zumindest für eine sportliche Betätigung begeistern ließe, wählen Sie diesen Weg. Fordern Sie sie etwa zu einer Mountainbike-Tour auf, damit zerstreuen Sie gleich einmal jegliches Misstrauen in Ihre rein sportlichen Absichten. Zeigen Sie sich von Ihrer Beschützer- eher als von der Siegerseite, indem Sie sich um ihr Bike, ihre Technik (falls sie Ihnen unterlegen ist) und ihre physische Verfassung kümmern. Dazu gehören längere Pausen (als Ihnen lieb ist), mehr Verpflegung (als ihr eigentlich zustünde) und viel Lob. Achten Sie bei aller Rücksichtnahme dennoch darauf, dass sich die Brave ordentlich verausgabt und sich über eine große Leistung freuen kann! Dann kommt Ihre Chance: Lassen Sie sie ruhig noch duschen (oder auch nicht), aber dann kosten Sie den Endorphinschub ordentlich aus: Auf ins Bett (oder Gras) und einen höheren Gang einlegen ...! Dazu eignen sich fast alle Sportarten, die den Körper richtig fordern. Beim Segeln müssten Sie schon ganz schön hartes Wetter erwischen, um den gewünschten Endorphinpegel zu erreichen, andererseits schwören echte Ladykiller auf die Verführung an und unter Deck: Nirgends kann man dem Traum braver Mädchen von einem Gentleman und Abenteurer in einem näher kommen als hier. Und selbst die mickrigste Leihjolle vermittelt das Gefühl von Noblesse, der Brave einfach nicht widerstehen können. Sport weckt überdies den Ehrgeiz, und das ist für brave Mädchen das Stichwort: Sie wollen unbedingt ihre vermeintlichen Mängel durch Triumphe auf anderen Gebieten ausgleichen. Sport als Übergang zum Sex ermöglicht den Ehrgeiz der Braven vom Sport auf Sex zu lenken, wobei es manchmal sogar ganz zielführend ist, dasselbe Vokabular zu benützen, vorausgesetzt, dass die Brave genug Sinn für solche Späße mitbringt.

Freilich wird ein Mann, der in der Badehose am unglücklichsten aussieht, schlecht beraten sein, seine Schwimmkünste, und mögen sie noch so beeindruckend sein, als Verführungswaffen einzusetzen. Und wer mit Romantik absolut auf Kriegsfuß steht und schon mit Schweißausbrüchen zu kämpfen hat, wenn er an den Geburtstag seiner Liebsten denkt, sollte sich doch nicht ausgerechnet darauf versteifen, mit einem Candlelight-Dinner die neue Sex-Ära einläuten zu wollen. Spätestens beim dritten «Oh, ich hab gar nicht gewusst, dass du ... magst!» wird ihm der ganze Firlefanz zum Hals heraushängen und er sich wie ein Vollidiot vorkommen, was ja nicht unbedingt die Sexstimmung hebt. Männer wiederum, deren größte Stärke im geistreichen Plaudern liegt, sollten ihren Wortwitz dem intellektuellen Niveau ihrer Partnerin angleichen, bevor sie zur verbalen Verführung schreiten, schließlich wäre es gut, wenn die Brave wenigstens wüsste, wovon Sie reden, denn um in Fahrt zu geraten, muss sie Ihnen ständig Paroli bieten ... Geübte Verführer treiben ein braves Mädchen im Gespräch so weit in die Enge, dass es sich nur noch aus der Affäre ziehen kann, indem es physische Beweise liefert, was meistens heißt, dass es dort landet, wo es der Verführer haben wollte. Hier wird aber ein gewisser Druck ausgeübt, der nicht geeignet ist für Beziehungen, die länger dauern sollen als eine Nacht. Trotzdem bleibt die Sprache die Paradewaffe in der Kunst der Verführung, und nicht umsonst wird ihr ein eigenes Kapitel gewidmet.

Wer bei Mundwerkzeugen ans Essen statt ans Sprechen denkt und womöglich mit dem Kochlöffel besser umgehen kann als mit der Feder, hat ein wahres Wundermittel in der Hand, um eine Brave richtig wild zu machen, denn er trifft sofort den Punkt: die Fähigkeit, sich dem sinnlichen Genuss hinzugeben. Frauen lieben es, bekocht zu werden, und ein Mann, der seine Überlegenheit in dieser Kunst beweist, zeigt gleichzeitig, dass er mit Fingern, Zunge, Lippen, Auge und Nase das Kunstwerk Frau geniessen kann. In einer Braven weckt es zudem den Ehrgeiz, dem Meisterkoch sinnliche Reize zu bieten. Und der darf dann mit dem Hinweis auf seinen ausgeprägten Sinn fürs Schöne die Brave auf den Geschmack von wilderen Dingen bringen. Für einen guten Koch ist daher der Weg vom Tisch ins Bett wirklich nicht weit ...

Sind Sie indes der große Dichter, dem jede Begabung für Sport und Kochen fehlt, der seiner Liebsten weder straffe Po- noch gesülzte Schweinebacken bieten kann, dann ist das auch kein Grund, die Träume von einer wilden Sexpartnerin als Hirngespinste abzutun. Freilich haben die Männer, die sich den schönen Künsten verschrieben haben, gegen das Vorurteil anzukämpfen, dass zu viel Blut im Kopf- statt im Lendenbereich landet und dass keine Frau mit der Idealgestalt mithalten kann, die sie als Muse wählen würden. Aber trotzdem haftet den Dichtern, Malern, Philosophen usw. etwas an, um das sie die Sportler und Köche beneiden dürfen: die so genannte «dunkle Seite», ein unwiderstehlicher Reiz für die weibliche Neugier. Je braver ein Mädchen ist, desto stärker wird es von Dingen angezogen, die anscheinend ein (sexuelles) Geheimnis bergen. Nützen Sie Ihre Chance und legen Sie sich beizeiten eine «dunkle Seite» zu, indem Sie zum Beispiel in Erzählungen abbrechen und vorgeben, Sie könnten über gewisse Dinge nicht sprechen, eine Schublade verschlossen halten, in der sie vielleicht Tagebücher mit erotischem Inhalt haben, usw.! Außerdem genießen Sie von vorneherein den Vorzug, dass Sie eine Brave mit ihrer Eitelkeit besiegen können. Jede Frau fällt der Schmeichelei anheim, besonders, wenn ihr Schöpfer ein Schöngeist ist. Wichtig ist nur, rechtzeitig mehr Gunstbeweise zu fordern, bevor Sie lediglich der sind, der Reime schmiedet, während ein anderer die Angebetete vernascht.

Was aber, wenn Sie weder Koch noch Sportler und zudem ein lausiger Poet sind? Dann üben Sie sich in Kritik! Sollten Sie sich jemals gewundert haben, weswegen eine Frau, die alles hat, sich mit jemanden abgibt, der augenscheinlich arm, hässlich und geistlos ist, dürfen Sie getrost davon ausgehen, dass er originell ist und/oder eine böse Zunge sein Eigen nennt. *Für eine Brave gibt es nichts Schlimmeres und Anziehenderes als Demütigung.* Nicht etwa, dass Brave von Haus aus masochistisch veranlagt wären, aber ihre übermäßige Selbstkritik und ihr Ehrgeiz treiben sie gnadenlos in die Arme von Männern, die mit einer einzigen Beleidigung oft das schaffen, was anderen mit tausend Komplimenten nicht gelingt. Nehmen Sie sich das zu Herzen, und Sie werden eine Waffe besitzen, die Ihnen mehr ermöglicht als alle Talente! Aber lassen Sie genügend Vorsicht walten, sonst richtet sie sich gegen Sie selbst!

Wählen Sie folglich immer nur die Waffen, die Ihnen das Gefühl der absoluten Sicherheit geben, denn Sie müssen den Helden mimen und bravourös jede Situation meistern! Experimente sind hier fehl am Platz, auch wenn sie noch so verlockend wirken. Sie wollen ja zuallererst einmal die Brave ändern. Versuchen Sie, gleichzeitig sich selbst umzumodeln, steht alles auf wackeligen Beinen, und die wichtigste Voraussetzung für die Verführung fällt weg: die Sicherheit.

Die Sprache

Wie schon angekündigt, muss der Sprache besonderes Augenmerk geschenkt werden, sobald es sich um die Kunst der Verführung dreht. Letzten Endes bleibt ja nur die Frage: «Wie bringe ich meine Wünsche dem braven Mädchen bei?» Dass der Sprache die tragende Rolle zuteil wird, wenn eine Brave wild gemacht werden soll, liegt auf der Hand. Die Stimme eines Mannes allein kann schon eine erotisierende Wirkung haben, die visuelle Reize übertrifft. Und da Frauen generell eine engere Beziehung zur Sprache haben als Männer, müsste klar sein, wie wichtig die Wahl der Worte während der ganzen Zeit der Verführung bleibt.

Frauen denken sich zu jedem Satz viele Dinge dazu, die dem Mann nicht bewusst sind. Sie reagieren höchst sensibel auf alle Abweichungen in der Stimmlage, Satzmelodie und Wortwahl. Gerade Brave sind in dieser Disziplin wahre Meister. Mit Sprache kann man aber nicht nur Gedanken, Träume, Wünsche usw. mitteilen, sondern, und das ist hier entscheidend, *Stimmungen erzeugen und den Partner über das Gefühl manipulieren*. Da ein Mann wenig Einfluss darauf hat, wie seine Stimme klingt, obwohl es auch hier geeignete Trainingsmethoden gibt, muss seine Aufmerksamkeit den Worten und der Sprachmelodie gelten. Talentierte Verführer können ruhig eine kräftige Stimme haben, solange sie sie nicht im dienstlichen oder kumpelmäßigen Tonfall einsetzen, um eine Frau zu beeindrucken, sind sie damit sogar im Vorteil. Trotzdem schadet es im Umgang mit Frauen nie, sozusagen einen «Dimmer» einzuschalten, denn die meisten Frauen fühlen sich zu sanften Stimmen hingezogen, die aus einer breiten Männerbrust kommen.

Das größte Übel beim Versuch, eine Brave zu verführen, ist einfach die Schwierigkeit, alles, was mit der geschlechtlichen Vereinigung zu tun hat, in angenehme Worte zu fassen, die weder lächerlich noch medizinisch-technisch und schon gar nicht ordinär klingen (selbst wenn man es später auf «dirty talk» anlegt). *Für eine Frau spielt es eine ungemein wichtige Rolle, wie Sie zum Beispiel ihren Busen oder besonders ihre Scheide zum ersten Mal benennen.* Da werden sofort Schlüsse bezüglich Ihrer Herkunft, Ihrer früheren Sexgespielinnen und Ihrer Einstellung zum weiblichen Geschlecht gezogen. Überlegen Sie sich gut, was Sie sagen, und bleiben Sie dabei, wenn die Reaktion positiv ausfällt! Die deutsche Sprache macht es einem in dieser Hinsicht extra schwer, aber eventuell können Sie ja in Fremdsprachen oder die Mundart ausweichen, sofern Ihnen oder Ihrer Partnerin danach ist. Die meisten purzeln ohnehin schneller als gedacht in eine kindliche Sprache, um die Lücken im Deutschen auszugleichen. Je eher Sie eine gemeinsame Erotiksprache finden, desto eher herrscht eine vertrauliche Basis, die sich von anderen abgrenzt. Brave Mädchen werden ja meist schon dadurch charakterisiert, dass sie zwar über Sex reden, aber gewisse Dinge nicht aussprechen können. Spielerisch mit Sex umzugehen, heißt auch, sich frei im erotischen Sprachgebrauch zu bewegen.

Für die Kunst der Verführung bedeutet das, dass man ein braves Mädchen im gleichen Maß dazu bringen sollte, sich ohne Hemmungen einer erotischen Sprache zu bedienen wie ihren Körper zu «begreifen». Sie können leicht damit beginnen, indem Sie allmählich mehr sexuell aufgeladene Wörter in den Alltag integrieren, was nicht heißt, dass Sie fortan jedem länglichen Gegenstand eine Phallusbezeichnung zuordnen und jeden Schlitz «Möschen» nennen. Aber Ihre Partnerin freut sich sicher, wenn der Umgangston eine Bereicherung durch ein paar frivolere Ausdrücke erfährt. Ein kleines «Frauengeheimnis» könnte Ihnen auf die Sprünge helfen:

Die Assoziationsgabe ist bei Frauen meist ausgeprägter als bei Männern. Ein zufälliges Wort kann bei einer Frau erotische Gefühle auslösen, nur weil sich daran irgendwelche anderen Bilder knüpfen. Zum Beispiel benützen viele Frauen, wenn sie sich selbst befriedigen, einen Ausdruck ihres Partners, der bei ihnen supersexy gewirkt hat, obwohl er vielleicht einen Alltagsgegenstand bezeichnet hat. Oft genügt die Dialektvariante oder ein Ausdruck aus der Kindersprache für eine Flüssigkeit, einen Stock, eine Tätigkeit wie Reiben oder Stoßen, eben Dinge, die in sexuelle Bilder umgedeutet werden können, und schon kommt es zu einem erotischen Reiz. Denken Sie daran und beleben Sie Ihre Sprache mit Fremdwörtern, Dialekt- und Kinderformen! Aber seien Sie sich darüber im Klaren, dass es auch in der Sprache Abnützungserscheinungen gibt und ein allzu häufig gebrauchtes Wort seinen erotischen Reiz verliert. So erzeugen im Italienischen viele Wörter keinerlei sexuelle Gedanken, die für Fremde immer noch «unanständig» wirken. Sie sind alltäglich geworden, so wie «geil» im Deutschen schon lange nicht mehr auf eine Frau hinweist, die sich wie eine rollige Katze fühlt.

In der Kunst der Verführung lohnt es sich, mit der Sprache zu spielen. Machen Sie eine Brave neugierig, indem Sie sagen: «Oje, jetzt wäre mir beinahe etwas Unanständiges herausgerutscht ...» Und lassen Sie sich zuerst einmal lustige Dinge einfallen, denn Lachen verbindet und öffnet Ihnen leichter den Weg zu heikleren Themen! Ab und zu dürfen Sie ruhig etwas aus der «unteren» Schublade hervorzaubern, allerdings wäre es klug, am Anfang den Kunstgriff der Anekdote zu gebrauchen, also lieber über jemand anderen zu erzählen, wenn Sie das unanständige Wort verwenden. Hüten Sie sich trotzdem vor Ausdrücken, die das Geschlechtsteil einer Frau mit Ekel verbinden, und trumpfen Sie nicht mit dem Pornovokabular auf, nur um zu beweisen, dass Sie ein wenig Englisch können! Halten Sie sich stattdessen lieber verbal im Tierreich auf, das ist meistens unverfänglicher, und keine Brave wird Ihnen böse sein, wenn Sie animalische Wortspiele treiben, solange Sie die Verkleinerungssilben anhängen ... Als Experte in Zoologie und Verhaltensforschung kommen Sie besser davon als im Kostüm eines Dr. Sommer, und Brave mögen es überhaupt nicht, wenn man ihnen Sexvokabeln erklärt wie in der Schule. Ihr Ziel sollte es ja sein, die Brave zum Sprechen zu bewegen und über die Sprachlust zur Lust am Sex zu gelangen. Also verleiten Sie sie zu unanständigen Redensarten, bevor es ihr die Sprache verschlägt!

Erotik beginnt im Kopf

Wenn es eine Technik gäbe, das zu visualisieren, was im Kopf einer Frau beim Sex und insbesondere beim Orgasmus abläuft, würden viele Männer wesentlich mehr Wert auf das erotische Umfeld legen, das für eine Frau so wichtig ist. Sex fängt nämlich weder beim Küssen noch beim Ausziehen an, sondern taucht als erstes Knistern schon bei einer minimalen Geste, einem Wort, einem Geruch auf. Das Verlangen, berührt, geküsst und «gevögelt» zu werden, kann den ganzen Tag über latent vorhanden sein und urplötzlich gerade dann erlöschen, wenn es zum eigentlichen Akt kommt. So leicht eine Frau durch einen Gedanken erregt werden kann, so schnell ist die Lust zerstört, wenn die kleinste Unstimmigkeit den schönen «Videoclip» im Kopf abdreht. Um eine Frau wild zu machen, genügt es nicht, sie durch diverse Handlungen aufzugeilen und ihr ein Bett in die Nähe zu stellen. Sie ist erst wild auf Sie, wenn irgendetwas in Verbindung mit Ihnen in ihrem Kopf den «Auslöser» trifft, der bewirkt, dass sie es auf der Stelle mit Ihnen treiben möchte oder sich gleich selbst befriedigen müsste.

Eine erotische Stimmung lässt sich auf unterschiedlichste Weise, nicht aber auf Knopfdruck erzeugen. Bei «eingespielten» Paaren sind es Rituale und Stichwörter, die dem Partner signalisieren, dass Sex in der Luft liegt. Bis man aber so weit kommt, dauert es seine Zeit. Und oft sind es gerade diese Rituale, die einem später zum Verhängnis werden, wenn sie dem Sex die Spontanität rauben. Wie bringen Sie nun eine Brave dazu, erotische Gedanken zu hegen, und wie wissen Sie, was wirkt?

- *Seien Sie fröhlich und zu Späßen bereit, die ein wenig mit Sex zu tun haben!*
- *Fördern Sie die erotischen Assoziationen, indem Sie auf Dinge hinweisen, die eigentlich alltäglich sind, aber mit ein bisschen Phantasie an männliche oder weibliche Geschlechtsteile erinnern! Das heißt nicht, dass Ihre Partnerin nun bei jedem Kirchturm an Ihren Penis denken soll, aber es gibt genug andere Möglichkeiten, die Gedanken in erotische Bereiche zu lenken.*
- *Beschäftigen Sie sich mit Kunst, die mit Sex spielt, ohne pornographisch zu sein! Die Malerei des Barock und Rokoko ist voll von erotischen Anspielungen, die auch für ganz brave Mädchen ideal sind. Die klassische Literatur bietet eine Fülle von erotischen Werken, mit denen Sie sich als Kenner ausweisen und die Neugier Ihrer Partnerin wecken können. Plastiken aus verschiedensten Ländern haben Sex zum Thema, und selbst die Bravste wird sich der Anziehungskraft der reizenden Figuren ergeben. Vielleicht schenken Sie ihr eine!*
- *Wenn Sie Freude an Tieren haben, warum halten Sie sich nicht – artgerecht – ein Pärchen von verliebten Vögeln, die sie täglich ans Wesentliche erinnern: füttern, küssen, vögeln!*

Leider kann man kaum erotischen Gedanken nachhängen, wenn das Konto keine Lustgefühle aufkommen lässt und die Augen der tapferen Hausfrau ständig an schmutzigen Ecken und ungebügelter Wäsche hängen bleiben. Helfen Sie ihr, mit der nötigen Nonchalance zur Einstellung zu kommen, dass alles warten darf – außer Liebe und Sex! Bei einer vernunftbetonten Braven wird Ihnen dies einige Mühen abverlangen, aber vielleicht überreden Sie sie, indem Sie ihr erklären, dass sie nie mehr so unwiderstehlich jung und sexy sein wird wie gerade jetzt, und dass sie es im Falle eines plötzlichen Erdbebens bitter bereuen würde, beim Lesen der Kontoauszüge von den Rettungsmannschaften gefunden zu werden statt in Ihren Armen. Wie auch immer, machen Sie nicht das Schlaf- und Badezimmer zum Reservat für erotische Gedanken!

Ab und zu eine «unanständige» Mitteilung auf dem Handy verzaubert den Alltag. Oder schicken Sie einer romantischen Braven einen an sich ganz normalen Brief, in dem lediglich alle Wörter, die eine zweite, erotische Bedeutung haben können, farblich herausgehoben sind. Dagegen sträubt sich nicht einmal die Allerbravste, und sie wird bald mit Ihnen wetteifern, wem es gelingt, die schärfste versteckte Botschaft zu senden ... Ein altes Spiel, das brave Mädchen dazu bringt, unanständig zu denken, ist Geheimniskrämerei: Lassen Sie sich absichtlich fast dabei erwischen, wenn Sie sich anscheinend selbst befriedigen! Oder provozieren Sie die beliebte Frauenfrage: «Woran denkst du im Augenblick?», indem Sie ein bisschen länger schweigen oder verstohlen zum Fenster blicken, und dann antworten Sie: «Das kann ich dir nicht sagen, das ist sehr unanständig und nichts für dich!» Bevor Sie schließlich doch noch antworten, lassen Sie Ihre Partnerin raten, was Sie sich wohl Unanständiges ausgedacht haben, und schon haben Sie die Brave zum Sex-Denken gebracht. Vorausgesetzt, sie unterstellt Ihnen keine Affäre mit der Sekretärin ... Aber auch das lässt sich in die richtigen Bahnen lenken. Eifersucht ist das Adrenalin für die Phantasie, und wohldosiert kann sie in eher zu nüchternen Gehirnen Wunder wirken.

Die Basis

Geborgenheit

Eine Frau kann sich einem Mann nicht völlig hingeben und einen sexuellen Höhepunkt erleben, wenn das Wichtigste fehlt, nämlich: Geborgenheit. Das hat nichts damit zu tun, ob ein Meer von Kerzen ringsherum steht oder die Fußbodenheizung für wohlige Wärme sorgt.

Geborgenheit bedeutet für eine Frau, dass sie, wenn sie sich völlig entblößt, nicht die geringste Zurückweisung, Kritik oder Bedrohung erwartet. Denken Sie ruhig an eine Katze, um sich vorzustellen, wie eine Frau, die Geborgenheit sucht, behandelt werden möchte: Eine Katze geht schnurstracks zu jener Person, die eigentlich nichts mit ihr zu tun haben möchte, sich also offensichtlich in Zurückhaltung übt, während andere Personen, die sich eifrig um die Katze bemühen, nur bewirken, dass diese wegläuft. Ähnlich sollten Sie zuerst einmal Ihre Erwartungen drastisch reduzieren, bis Ihre Partnerin *fast* glauben könnte, Sie wären gar nicht an ihr interessiert. Verlangen Sie nichts von ihr, sondern schenken Sie ihr einfach Ihre Aufmerksamkeit! Zeigen Sie sich, ohne aufdringlich zu sein, von Ihrer fürsorglichen Seite! Jede Frau liebt die Geste, wenn ein Mann seinen Mantel oder seine Jacke schützend um sie legt, also helfen Sie dem Schicksal am besten etwas nach, indem Sie einen Ort wählen, an dem es leicht zu einer solchen Gelegenheit kommen kann! Passen Sie besonders auf, was Sie sagen! Grobe Kritik – und brave Mädchen fühlen sich schneller kritisiert, als Sie denken – zerstört jegliche Geborgenheit im Keim. Gerade in einem fröhlichen Geplänkel, wo gegenseitige Neckerei im Spiel ist, lauert die Gefahr, denn eine Brave wird sich hüten, gleich die Beleidigte zu mimen, auch wenn Sie den wundesten Punkt erwischt haben. Aber wieder einmal tauchen die Zweifel auf, die einer Braven eben die Lust vergällen. Vermeiden Sie deswegen Scherze, die sich auf den Körper Ihrer Partnerin beziehen, verschlucken Sie sich lieber an dem Witz, so gut er auch sein mag, er könnte Ihnen im Extremfall die Beziehung kosten! Eine Frau fühlt sich nicht geborgen, sobald sie spürt, einer Beobachtung ausgesetzt zu sein. Obwohl viele Frauen ein wenig zum Exhibitionismus neigen, vor allem, wenn sie es sich aufgrund körperlicher Vorzüge leisten dürfen, irritiert ein «wissenschaftliches» Verhalten ihres Partners eigentlich jede Frau. Sie können gern der Muschi Ihrer Liebsten die volle Aufmerksamkeit widmen, doch verfallen Sie nicht in Untersuchungen, wie man sie aus dem Paarungsverhalten der Primaten kennt! *Der Killer jeglicher Geborgenheit ist die simple Frage: «Was hast du da?»* Zähmen Sie Ihre Neugier und überlassen Sie derartige Fragen den Medizinern!

Geborgenheit ist nichts anderes als die Kuscheldecke für die Seele. Sie können eine Frau nie oft genug in die Arme nehmen, besonders «zwischendurch», wenn keiner ans Schmusen oder an Sex denkt. In langen Beziehungen verringert sich die Zahl der Umarmungen enorm gegenüber den Anfängen, das heißt, dass auch das Gefühl der Geborgenheit schwindet, und wenn man noch so vertraut miteinander zu sein glaubt. Schon beim Spazierengehen zeigt sich, wie gut Sie imstande sind, einer Frau Geborgenheit zu schenken. Legen Sie so oft wie möglich den Arm um ihre Schulter oder fassen Sie sie fest um die Taille, bevor Sie dem bequemeren Händchenhalten Platz machen! Noch immer schlummert die alte Sehnsucht nach den «starken Schultern» in den Frauen. Lassen Sie sich gerade von den tüchtigen Braven nicht täuschen, die häufig darauf hinweisen, wie selbständig und forsch sie sind! Sie träumen nur zu gern von einem Mann, der alles in der Hand hat und stärker ist als sie! Auf ihre Art fordern Sie sie nur heraus, um zu sehen, ob Sie ihnen gewachsen sind oder eher selbst jemanden zum Anlehnen brauchen.

Zur Geborgenheit gehört das gemeinsame, angenehme Schweigen. Frauen tun sich ja im Gegensatz zu Männern, die beim Fischen stunden- oder wochenlang schweigen können, sehr schwer mit der verbalen Stille, die nicht dem Trotz entspringt. Gerade die Braven zählen häufig zu den Frauen, die unentwegt darum bemüht sind, den Gesprächsfluss nicht abreißen zu lassen, aus Furcht, dass am Ende eine spannungsgeladene Stille lauert, die sie nicht im Griff haben. Diesem Phänomen begegnen

Sie am besten wie im Film. Da ein Kuss größere Intimität schafft als der Geschlechtsakt an sich, zumindest aus dem Blickwinkel einer Frau, wird er in Verbindung mit einer beschützenden Umarmung zum Sinnbild für Geborgenheit. Hier erfährt die Frau die Nähe, die sie sucht, und da beim Sex immer wieder Augenblicke der kurzzeitigen Entfremdung und Einsamkeit auftauchen, würden viele Männer gut daran tun, ihre Partnerinnen auch «währenddessen» ab und zu in den Arm zu nehmen und zu küssen, um zurück zur Basis zu gelangen und gerade einer zurückhaltenden Frau, die sich ohnehin nicht leicht öffnet, zu versichern: Es ist alles in Ordnung, don't worry!

Vertrauen

Sex hat immer etwas mit Sich-dem-Anderen-Ausliefern zu tun, da müssen noch lange keine S/M-Praktiken im Spiel sein. Brave Mädchen schaffen es fast überhaupt nicht, den letzten Rest von Misstrauen aus dem Weg zu räumen und einfach den herrlichen Lustgefühlen freien Lauf zu lassen. Sie winden sich und stöhnen vielleicht wild drauflos, aber durch ihre halb geschlossenen Augen beobachten sie genau, wie sich Ihre Miene verzerrt, und meistens läuft dann die Denkmaschinerie auf Hochtouren ... Um einer Braven die Angst vor ihren vermeintlichen Unzulänglichkeiten zu nehmen, genügt es leider nicht, sie mit Komplimenten zu überhäufen. Ihr Vertrauen langfristig zu gewinnen, gleicht der Zähmung eines erwachsenen Wildtieres. Die Zweifel sind riesig, besonders ab dem Augenblick, wo die Brave eine Ahnung davon hat, wohin Sie tatsächlich mit ihr wollen und wie breit die Kluft zwischen Ihrer beider Vorstellungen liegt. Folgendes möchte eine Brave unbedingt vermeiden:

- *Dass sie in irgendeiner Weise ihr Gesicht verliert.*
- *Dass Sie etwas in der Hand haben, womit Sie sie später bloßstellen könnten.*
- *Dass Sie Fehler an ihr entdecken könnten, die Sie zuvor nicht bemerkt haben.*
- *Dass sie derb, animalisch oder gar abstoßend wirkt, wenn sie sich nicht mehr unter Kontrolle hat.*
- *Dass sie im Überschwang der Gefühle etwas preisgibt, was sie lieber für sich behalten würde.*
- *Dass sie dümmer und unerfahrener dastehen könnte, als sie vorgegeben hat zu sein.*
- *Dass sie beim Vortäuschen von Gefühlen ertappt wird.*

Das sieht nach einer beachtlichen Menge an Zweifeln aus, die Sie beseitigen müssen, ehe Sie überhaupt zum Zug kommen. Im Grunde geht es darum, der Braven zu mehr Selbstvertrauen zu verhelfen, bevor sie Ihnen traut. Eine Brave kann nicht locker-lässig von einer Beziehung in die nächste purzeln und dabei an gar nichts denken. Sie hat immer viel zu verlieren und will sich nichts vergeben. Das Vertrauen einer Braven erringen Sie am schnellsten, indem Sie ihr zeigen, dass Sie ihre Entscheidungen ohne großes Theater akzeptieren, dass sie nicht in etwas gedrängt wird, was ihr im Nachhinein zuwider ist, und dass Sie sie annehmen, wie sie ist. Zeigen Sie ihr umgekehrt Ihr Vertrauen, indem Sie zum Beispiel Details aus Ihrem Tagebuch oder einige Ihrer Ängste preisgeben, aber seien Sie vorsichtig: Bleiben Sie der Held und Beschützer, und offenbaren Sie ja nicht zu viel von der «weiblichen» Seite Ihrer Seele! Fordern Sie aber niemals von einer Braven direkt, dass sie Ihnen vertrauen soll, und spielen Sie nicht den Beleidigten! Das führt zu völlig falschen Reaktionen, weil Sie ihr damit wieder eine kleine Unzulänglichkeit mitteilen. Und nützen Sie eine plötzliche Redseligkeit nicht schamlos aus, indem Sie anfangen, gezielt Fragen zu stellen wie ein Meisterspion! Hüten Sie sich am besten davor, psychologische Überlegenheit herauszukehren! So wirken Sie vielleicht verständnisvoll, lassen ihr aber das Gefühl, dass Sie sie nie durchschauen werden! Dadurch wahrt sie ihre eigene Souveränität und ihr Selbstvertrauen. Merken Sie sich eine einfache Regel: *Machen Sie sich nie über eine Gefühlsäußerung Ihrer Partnerin lustig, auch wenn sie sie selbst kritisiert, und bezweifeln Sie nie ihre Echtheit (vor den Augen der Partnerin)!*

Vertrauen bedeutet, frei zu sein, Schwäche zu zeigen. Sie dürfen Ihre Partnerin ruhig animieren, Schwäche zu zeigen, allerdings sind Sie es, bei dem sie sich aufgehoben fühlen sollte, folglich wird es Ihnen verwehrt bleiben, im gleichen Maß auf das Vertrauen Ihrer Partnerin einzugehen. So bleibt der Preis für die edlen Beschützer wie eh und je das kleine Stück Einsamkeit, für das sie berühmt sind.

Sicherheit

Frauen wird generell ein größeres Sicherheitsbedürfnis als Männern zugeschrieben, und einiges lässt sich wohl tatsächlich mit der «Urgeschichte» und der Abhängigkeit der Frau während der Erziehungszeit der Kinder erklären. Doch inzwischen gelten doch andere Regeln. Nichtsdestotrotz geht eine Frau in der Beziehung zu einem Mann ein höheres Risiko ein als er.

Das betrifft ihre Gesundheit genauso wie ihre Rolle in der Gesellschaft, denn schließlich ist sie es, die im Ernstfall ein Kind zur Welt bringen, eine Abtreibung auf sich nehmen und mit der Tatsache leben muss, dass mehrere gescheiterte Beziehungen ihren Ruf weit schneller schädigen als den eines Mannes.

Das «brave» Verhalten einer Frau sichert ihr wenigstens zeitweilig den Platz in der Gesellschaft, während ein «wildes» Image existenzgefährdend sein kann. Ehe eine Brave also bereit ist, sich auf wildere Pfade verleiten zu lassen, braucht sie Sicherheit. Sie weiß nämlich, was sie zu verlieren hat, wenn etwas schief läuft. Und mit Ängsten und Sorgen im Kopf bleibt das Lustempfinden auf der Strecke. Einer Braven, die Sie verführen möchten, sollten Sie gesundheitliche, materielle, soziale und nicht zuletzt emotionale Sicherheit bieten können, zumindest in einigen Punkten:

() *Gesundheitliche Sicherheit bedeutet neben der Vermeidung von ansteckenden Krankheiten und anderen Risiken vor allem Schutz vor ungewollter Empfängnis. Sie können großen Vertrauensvorschuss gewinnen, indem Sie sich intensiv um die optimale Methode bemühen, die keinem Partner für lange Zeit eine gesundheitliche oder emotionale Last aufbürdet. Sorgen Sie rechtzeitig dafür, dass Sie gut informiert und gegebenenfalls auch bereit sind, Ihre Partnerin eventuell zum Arzt zu begleiten und die* ***Verhütungsmittel*** *auszuwählen!*

Kondome für jede Gelegenheit weisen Sie zwar als verantwortungsbewusst aus, und in Kombination mit einem spermiziden Gel sind sie tatsächlich auch ein guter Empfängnisschutz, aber sie bedürfen einer korrekten Handhabung und haben manchmal den Nachteil, dass sie der Spontanität im Weg stehen und empfindlichen Frauen die Lust rauben. Selbst der dünnste Latex ist immer noch eine Gefühlsbarriere, und die Muschi kommt um ihre schöne Dusche. Wichtig zu erwähnen ist vor allem, dass sich nur Kondome aus Polyurethan mit ölhaltigen Gleitmitteln verwenden lassen, Latexkondome jedoch ihre Funktion verlieren, wenn sie mit Vaseline, Cremes und Körperpuder in Berührung kommen. Nur qualitativ hochwertige Gleitmittel auf Wasserbasis garantieren weiteren Schutz.

Die «Pille», Implantate** und **Pflaster gehören zweifelsohne zu den Methoden, die zugleich bequem und zuverlässig sind. Ihr Nachteil besteht einerseits in der Alleinverantwortung der Frau, andererseits in dem hormonellen Eingriff in ihren Körperhaushalt, der immer ein gewisses Gesundheitsrisiko birgt und auch dazu beitragen kann, dass sich eine Frau nicht wohl fühlt. Zwar ist es für eine Frau eine große Erleichterung, Sex zu genießen, wann immer sie mag, und zusätzliche medizinische Vorteile gibt es ebenfalls, aber viele Frauen stört schon der Gedanke an die künstliche Steuerung. Manche leiden unter einer Gewichtszunahme oder anderen Nebenwirkungen, was aber durch die Wahl des richtigen Präparates vermeidbar wäre. Generell sind Implantate leichter verträglich, weil sie mit niedrigeren Hormondosen auskommen. Trotzdem wird die Verhütung auf hormoneller Basis des Öfteren zu einem Hemmschuh für das richtige Lustempfinden einer Frau, weil Ängste um die Gesundheit oder ein unterschwelliger Kinderwunsch als Blockaden fungieren.

Die ***Spirale*** ist, was die Sicherheit betrifft, eine sehr bewährte Alternative zur «Pille», besonders bei Frauen, für die die «Pille» nicht infrage kommt. Auch hier gilt wieder der Nachteil, dass Verhütung Frauensache bleibt. Die Spirale wird allerdings meist dann empfohlen, wenn die Familienplanung bereits abgeschlossen ist. Ihre Nachteile sind eine größere Neigung zu Infektionen und stärkeren Blutungen.

Das ***Diaphragma*** und andere mechanische Barrieren sind wieder einmal keine Männersache und müssen mit chemischen Substanzen, die Spermien töten, kombiniert werden. Für sie treffen ähnliche Nachteile zu wie beim Kondom.

Natürliche Verhütung, egal welcher speziellen Methode man den Vorzug einräumt, setzt ein großes gegenseitiges Vertrauen, viel Disziplin und eine profunde Kenntnis des eigenen Körpers voraus. Sie schenkt die Freiheit, sich allein nach natürlichen Gegebenheiten zu richten und auf Eingriffe von außen zu verzichten. Verantwortung ist auf beide Partner gleich verteilt, und der Mann muss sich intensiver mit dem Körper der Partnerin und ihrem Zyklus auseinander setzen. Schön, aber trotzdem sollten sich die Menschen, die sich für diese Art der Empfängnisverhütung entscheiden, darüber keine Illusionen machen, dass die Natur viele Tricks hat, um doch noch für eine Fortpflanzung zu sorgen. (Nichts für absolute Kinderfeinde!)

() Materielle Sicherheit heißt schlicht und einfach: Sex macht mehr Spaß, wenn weder Sie und schon gar nicht Ihre Brave mit Existenzängsten zu kämpfen haben. Sie müssen deshalb nicht dazu übergehen, die potentielle Geilheit Ihrer Liebsten von ihrem Kontostand abhängig zu sehen, doch sollten Sie zumindest ausschließen, dass Ihre Partnerin durch Sie zuerst in die Wildheit und dann in den Ruin getrieben wird. Das spielt vor allem eine Rolle, wenn die Partner aus verschiedenen sozialen Welten kommen. Denken Sie daran, dass Sie eine Brave in arge Bedrängnis bringen, wenn sie mit Ihrem Standard nicht mithalten kann und zu stolz ist, dies zuzugeben! Sie wird beim Champagnerfrühstück eher an die offene Telefonrechnung denken als an Ihre offene Hose ... Sorgen Sie rechtzeitig für klare Verhältnisse, dann stören keine Sparschweinscherben das Vergnügen im Bett! Aber werden Sie bloß nicht zum Big Spender, da finanzielle Abhängigkeit ebenfalls die Lust killt und oft den Grundstein für weibliche Täuschungsmanöver bildet!

() Soziale Sicherheit beinhaltet die Verantwortung, die Sie haben, sobald Sie ein braves Mädchen ihrem familiären und gesellschaftlichen Umfeld entreissen. Sie sollte keinen Schaden dadurch erleiden, dass sie eine Beziehung mit Ihnen pflegt. Vielen Männern ist nicht bewusst, wie sehr Frauen darunter leiden, wenn sie sich zu einem Mann bekennen, der nicht den Vorstellung ihrer Familie entspricht. Was im ersten Gefühlstaumel noch heldenmütig ignoriert wird, entpuppt sich schnell als Riesenhindernis beim Sex, weil die Zweifel ständig wachsen und eine Frau nur dann wild auf einen Mann sein kann, wenn sie nicht nur vor sich selbst genug Gründe findet, ihn begehrenswert zu nennen.

() Emotionale Sicherheit ist sozusagen der «Leatherman» der Beziehungsebene. Mit ihr haben Sie ein Werkzeug in der Hand, das Sie in den schwierigsten Situationen nicht im Stich lassen wird. Solange Sie Herr über Ihre eigenen Gefühle sind und wissen, wo Ihre Grenzen liegen, vermitteln Sie auch Ihrer Partnerin Stabilität. Sie hat nichts zu befürchten, bei Ihnen ist sie gut aufgehoben, sie wird nicht getäuscht. Ständiges Schwanken zwischen Emotionen verhindert eine Vertrauensbildung und zerstört das Wichtigste überhaupt: die Liebe! Dazu gehört auch der Respekt, den die Partner einander zollen und der gerade auf dem Weg in «wildere» sexuelle Gefilde nie verloren gehen darf. Emotionale Sicherheit heißt vor allem eines: stets zu wissen, dass und warum man den Partner liebt.

Ohne diese Grundbedingungen ist jeder Versuch, eine Frau zu mehr Sex zu verführen, eine halbherzige Angelegenheit und eigentlich zum Scheitern verurteilt, es sei denn, Sie möchten sich mit der Spielart der Verführung zufrieden geben, die als einzige Voraussetzung die intellektuelle Unterlegenheit des «Opfers» hat. Denken Sie mit größerer Verantwortung und Weitsicht, und Sie werden reicher beschenkt, als Sie zu wünschen wagen!

Das Können

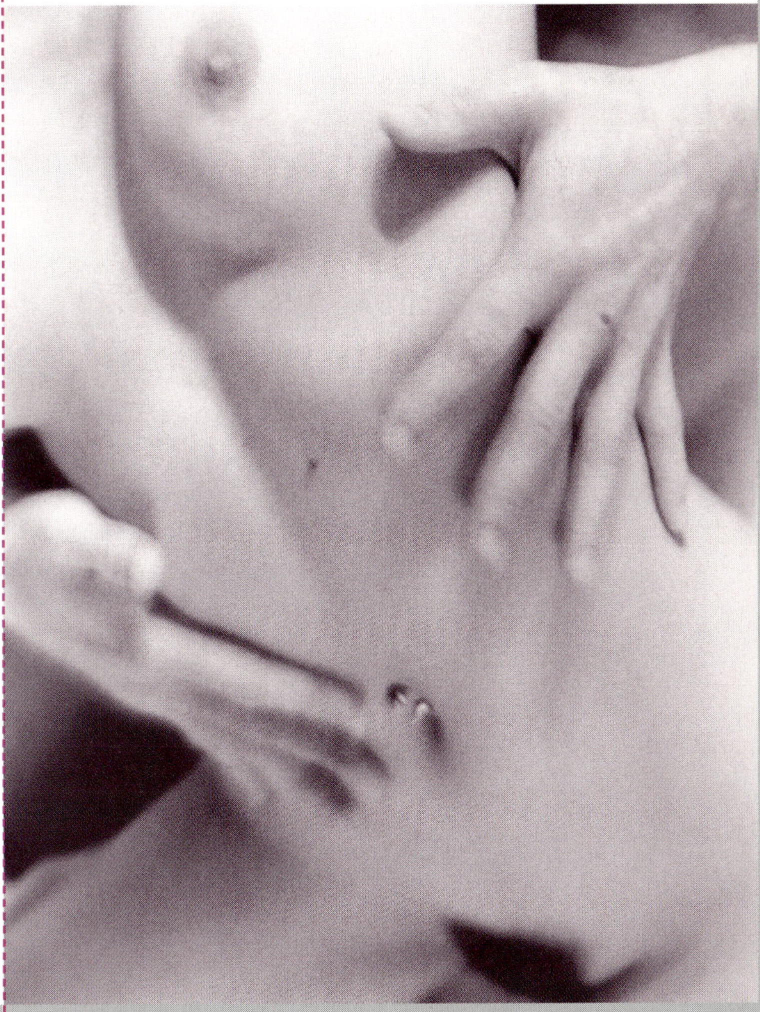

Die Macht der Komplimente

In diesem Zusammenhang wurden schon zwei wichtige Faktoren erwähnt. Erstens die enorme Bedeutung der Sprache in einer erotischen Beziehung und zweitens die wichtigste Eigenschaft einer Braven: das mangelnde Selbstvertrauen.

Komplimente stehen am äußersten Beginn jeder Liebesbeziehung, und leider verschwinden sie meist dann schon von der Bildfläche, wenn sie ihre erste Aufgabe erfüllt haben, nämlich die Herzensdame zu erhöhter Aufmerksamkeit und ein wenig später ins Bett gebracht haben. Die letzte Glanzrolle spielen sie noch bei der Hochzeit, bevor sie zumindest aus dem Bereich der körperlichen Tugenden auf den der häusliche Fertigkeiten wechseln, um schließlich nur noch sporadisch etwa bei drastischen Änderungen des externen Erscheinungsbildes aufzutauchen. Das ist traurig, aber sehr wahr, und die alten Witze vom Wandel der Kosenamen im Laufe der Lebenszeit haben durchaus ihre Berechtigung. Vielleicht liegt es an der praktischen Veranlagung des männlichen Denkens, dass Komplimente meist rein zweckorientiert eingesetzt werden und nichts von der Abundanz haben, die weibliche Wünsche kennzeichnet. Von Komplimenten kann eine Frau nie genug kriegen, sofern sie eine Voraussetzung erfüllen:

Sie müssen absolut ehrlich klingen. Wohlgemerkt: klingen! Es muss nämlich nicht Ihre tiefste Überzeugung sein, die Sie in einem Kompliment kundtun, aber die Angesprochene sollte nie in die beschämende Lage kommen, Ihr Kompliment als Schmeichelei zu enttarnen. Das kränkt sie und den Schöpfer der utilitaristischen Erfindung. Und bei den Braven ist ja ohnedies doppelte Vorsicht angesagt, um vor ihren kritischen Augen und Ohren zu bestehen. Leider lassen sie den Lügner oft dumm sterben, indem sie ohne eine einzige korrigierende Bemerkung das falsche Kompliment hinnehmen, aber das kann zur Folge haben, dass alle anderen, noch so ehrlich gemeinten und objektivierbaren Lobesworte von Haus aus als Schmeichelei abgetan werden und das Vertrauen auf wackeligen Beinen steht. Bei Komplimenten gilt die schreckliche Regel: Spätere Korrekturen sind nicht möglich. Was Sie einmal falsch angepackt haben, lässt sich ohne weiteres nicht mehr richtig machen, weil dann ein Kompliment immer in Verbindung mit dem Zweck gesehen wird, der dahinter steckt. Bevor Sie sich also mit Sex im Kopf ans Komplimenteschmieden wagen, sollten Sie einiges wissen:

- *Komplimente sind verbale Geschenke. Wählen Sie sie mit der gleichen Sorgfalt, wie Sie ein passendes Geschenk für Ihre Liebste aussuchen würden!*
- *Schenken Sie Ihrer Partnerin viele Komplimente «einfach so», bevor Sie die Komplimente aussprechen, mit denen Sie etwas bewirken wollen!*
- *Nützen Sie spontane Empfindungen, und sagen Sie das, was Ihnen gerade besonders schön oder angenehm vorkommt! Gehen Sie nicht davon aus, dass Ihre Partnerin das ohnehin auch so sehen und empfinden würde!*
- *Bleiben Sie Ihrer eigenen Sprache und Ausdrucksweise treu, und werden Sie nicht unnötig poetisch, wenn das ansonsten auch nicht Ihre Linie ist!*
- *Loben kann man alles. Wenn Ihnen einfach keine Idee für ein Kompliment einfällt, denken Sie einmal darüber nach, dass nichts an Gutem und Schönem, das Ihnen in der Partnerschaft widerfährt, selbstverständlich ist! Sehen Sie ein Kompliment auch als Dank! So können Sie dem Busen der Partnerin ebenso ein Kompliment widmen wie kleinen Alltäglichkeiten, mit denen Ihre Partnerin Ihr Leben erleichtert.*
- *Humor ist an und für sich immer eine Bereicherung, und lustige Kerlchen verfügen meist über eine prächtige Phantasie. Allerdings kann Humor besonders am Anfang einer Beziehung ein schlechter Ratgeber für Komplimente sein, wenn zwischen den Partnern diesbezüglich noch wenig Übereinstimmung herrscht! Halten Sie sich lieber ein bisschen zurück, bevor Ihnen ein vermeintliches Kompliment einen Schneidezahn kostet!*
- *Den Dichtern und Naturfreunden sei gesagt, dass Vergleiche, die sich bei Komplimenten ja anbieten, nur dann aus dem Tierreich genommen werden sollen, wenn sie hundertprozentig den Geschmack der Partnerin treffen, nicht aber bei einer offensichtlichen Ähnlichkeit! (Selbst wenn es sich um Ihr Lieblingstier handelt!)*
- *Hüten Sie sich vor Vergleichen mit anderen Frauen, egal ob diese mit Ihrem Leben zu tun haben oder nicht, sprich: lediglich in Filmen oder Magazinen vorkommen!*

Komplimente in der Art von «Darin würdest du auch toll aussehen!» sind zwar gut gemeint, aber brave Frauen werten sie vorschnell als Beleidigung, weil sie glauben, dass sie Ihren wahren Wünschen nicht gerecht werden. Probieren Sie es lieber mit: «Du hättest den idealen Körper für …»

Wenn Sie wenig Übung in der Formulierung von Komplimenten haben, beschränken Sie sich auf unverfängliche Ausrufe des Staunens wie «Wow!» (lang gezogen) oder wohlige Urlaute wie «Mmh! Ahh!» Frauen sind Meister im Interpretieren nonverbaler Äußerungen, folglich dürfen Sie ruhig Ihre Blicke sprechen lassen, sobald es Ihnen an Worten mangelt. Der Umgang mit Komplimenten hat viel mit kulturellen Gegebenheiten zu tun und ist nicht zuletzt eine Mentalitätsfrage. Für deutsche Gemüter ist das, was zum Beispiel in Italien oder Frankreich das Mindestmaß an Höflichkeit darstellt, eine schier unerträgliche Lobhudelei. Sie können also die Komplimenteflut Ihrer kleinen Französin über sich ergehen lassen, ohne sich verkrampft Erwiderungen ausdenken zu müssen … In einer Beziehung erkennt die Frau sehr rasch das Naturell ihres Partners und schätzt die seltenen, nüchternen oder kuriosen Lobesworte ihres Liebsten mehr als antrainierte Floskeln. Trotzdem schadet es keinem Mann, sich um Änderungen zu bemühen.

Komplimente können auch dazu dienen, einen neuen Anfang in einer langjährigen Beziehung zu setzen. Unerwartet werden sie so wahrgenommen wie beim ersten Annäherungsversuch und lösen sogar Verliebtheit aus. Für den Zweck, neue Zeiten in erotischer Hinsicht anbrechen zu lassen, gilt wie immer:

- *Achten Sie auf Glaubwürdigkeit und treten Sie womöglich sofort den Beweis an!*
- *Lassen Sie ja nicht Ihre Absicht erkennen, Ihre Partnerin dadurch in andere erotische Bahnen zu lenken!*

Brave wittern sowieso «unlautere» Methoden, doch mit geschickten Komplimenten können Sie eine Brave ohne viel Aufwand und Überredungskunst zu (fast) allem bewegen. Das Kompliment hat ja viele Gesichter und besteht nicht nur aus einer bewundernden Feststellung. *Sehr misstrauischen Frauen begegnet man mit indirekten oder sogar «negativen» Komplimenten.*

Ein indirektes Kompliment wäre zum Beispiel das Anfertigen von Fotos von Ihrer Partnerin oder die Verwendung einer von ihr geprägten

Ausdrucksweise. Unter einem «negativen» Kompliment ist ein «Ausschließungsverfahren» zu verstehen, in dem Vergleichsobjekte negativ belegt werden. Ein Beispiel: Wenn Sie behaupten, dass Sie, bis Sie Ihre Partnerin kennen lernten, gar nicht auf die Idee gekommen wären, Oralsex zu haben, dann wertet Ihre Liebste das freilich als Kompliment, egal wie sie über Oralsex denkt. *Frauen, und ganz besonders die braven, wollen immer besser sein als ihre Vorgängerinnen.* An erster Stelle in dieser Hinsicht stehen die sexuellen Qualitäten, dann das Aussehen (obwohl Frauen sich gern selbst eine andere Reihung vormachen!) und gegen Ende der Skala die häuslichen Eigenschaften (die wiederum Männer anders einstufen). Das sollte Ihnen zeigen, dass es viel wichtiger ist, den Körper, die Art des Küssens und die Lust, die sie in Ihnen entfacht, mit Komplimenten zu bedenken als etwa den gelungenen Aprikosenkuchen, auch wenn Ihnen dazu leichter etwas einfällt.

Ein großer Fehler unterläuft Ihnen, sobald Sie meinen, Sie müssten die Selbstsicherheit Ihrer Partnerin dadurch stärken, dass Sie einem augenfälligen Makel eine Extraportion Lob gönnen. Machen Sie sich nicht lächerlich, indem Sie etwa behaupten, Sie seien ganz verrückt nach laschen Brüsten! Die Erotik hat zwar viel Platz für ausgefallene Vorlieben, aber bleiben Sie realistisch!

Um herauszufinden, welche Komplimente Ihrer Partnerin besonders viel bedeuten, sollten Sie dem «Fishing for compliments» Beachtung schenken. Eine Frau, die sich häufig über ihr Gewicht beschwert, möchte von Ihnen keine sachliche Feststellung, dass Sie mit Gymnastik ein paar Pfunde abnehmen könnte, sondern nur eines: ein Kompliment, eine Bestätigung, dass Sie sie schön finden. Sagen Sie aber in dieser Situation bloß nicht, dass Ihnen Rundungen besser gefallen! Ihre Partnerin will etwas anderes hören, nämlich: «Ich weiß, dass du bald wieder schlank bist, aber lass dir Zeit, damit ich dich ausgiebig genießen darf!»

Die wichtigsten *Komplimente* sind jene, die *direkt beim Sex* ausgesprochen werden. Bis Ihnen die Luft wegbleibt, sollten Sie Ihrer Partnerin klar machen, dass sie die Einzige auf der Welt ist, die Sie so in Wallung bringen kann. Folgendes wäre zu beachten:

Reden Sie Ihre Partnerin wirklich oft mit ihrem Namen bzw. der Koseform an! Das allein löst schon sexuelle Gefühle aus, denn der eigene Name hat immer einen besonderen Klang. Manche Frauen erregt es, wenn Sie den Vor- oder sogar nur den Nachnamen beim Akt aussprechen (vielleicht in einem strengeren Tonfall), weil das an eine andere

Rolle erinnert und in die Nähe des «dirty talking» führt. Außerdem verfallen Sie dadurch weniger der störenden Unsitte mancher Männer, die mit dem Grad der Erregung den Bezug zur Partnerin verlieren, bis diese den Eindruck hat, dass Sie gar nicht mehr wissen, wen Sie da eigentlich vögeln.

- *Machen Sie einer Frau vor allem Komplimente über den Wohlgeruch Ihres Körpers! Damit ist nicht zwangsläufig ein Lob auf die Wahl des Parfüms gemeint, sondern der beste Weg, Ihrer Partnerin ein herrliches Gefühl des Angenommenseins und der eigenen Stärke zu vermitteln. Sagen Sie ihr, wie verführerisch ihr Körper und ganz besonders ihre Muschi duftet! Und treten Sie umgehend den Beweis an, indem Sie sie an Ihrem Finger riechen lassen, den Sie zuvor zwischen ihren Schenkeln hatten!*
- *Wecken Sie die Phantasie Ihrer Partnerin mit einer Vielzahl von Komplimenten, die ruhig ungewöhnlich sein können und sogar etwas unter dem normalen Niveau Ihrer Sprache angesiedelt werden dürfen! Hier bietet sich wiederum eine Gelegenheit, dem «dirty talking» auf die Sprünge zu helfen, wenn Ihnen der Sinn danach steht.*
- *Komplimente beim Sex, die vielleicht im Alltag abstrus wirken würden, lösen oft heftige Gefühle aus und werden gerade deshalb zu «magischen» Wörtern, die der Partnerin im Ohr bleiben und die sie sich dann beim Masturbieren ins Gedächtnis ruft. Scheuen Sie sich also beispielsweise nicht, von einer «elektrischen Muschi» zu reden (obwohl Ihnen das jetzt unglaublich schwachsinnig erscheint), denn Kreativität schätzen Frauen gerade beim Sex außerordentlich.*
- *Bevor Sie Ihre Sex-Komplimente aus den eher tiefer gelegenen Schubladen ziehen, sollte Ihre Partnerin längst sicher sein, dass es sich dabei um eine Spielerei handelt, also weder Ihrem Standardtonfall entspricht noch einen Schluss auf irgendwelche sexuellen Vorlieben zulässt.*

Ob beim Sex oder in einer anderen, wenn möglich sehr romantischen Situation, kein Kompliment reicht an das heran, das eine Frau hört, wenn Sie ihr sagen, dass Sie sich ein Kind von ihr wünschen. Sofern eine Frau auch nur annähernd dazu bereit wäre, empfindet sie die Vorstellung, Ihren Kinderwunsch erfüllen zu dürfen, als höchste und intimste Auszeichnung, als den größten Liebesbeweis. Dementsprechend reagiert auch ihr Körper mit einer wahren Flut von intensiver Erregung. Solchen Sex werden Sie sonst sehr wahrscheinlich nie erleben!

Aber: Dieses Kompliment dürfen Sie unter keinen Umständen als Zauberwort für einen sexuellen Kick missbrauchen! Denken Sie an die Konsequenzen! In einer Partnerschaft, in der Platz für Kinder ist, können Sie jedoch dieses Kompliment an den Anfang einer neuen erotischen Ära stellen, schließlich beginnt mit dem gemeinsamen Einverständnis, ein Kind zu haben, eine völlig andere Zeit – auch in puncto Sex.

Die Verlockung

Eine Brave werden Sie unmöglich von heute auf morgen dazu bringen, wild auf Sex mit Ihnen zu sein, besonders wenn sie keine passenden Ausreden für sich selbst hat, warum sie von ihrem bisherigen Weg abweichen sollte. So nähern Sie sich schon einen großen Schritt dem Ziel Ihrer Wünsche, wenn Sie für die nötigen Ausreden sorgen – heimlich natürlich, Ihre Absicht darf ja nicht sofort offenkundig werden! Einer Braven, die zum Beispiel viel Wert auf Bildung legt, servieren Sie die Ausrede und zugleich die *Verlockung in Form von erotischer Literatur*. Anaïs Nin nicht gelesen zu haben, sei wirklich eine fatale Bildungslücke, können Sie behaupten, bevor Sie sie in einen Film über Henry Miller entführen. Die Brave wird der Ehrgeiz, wenigstens theoretisch mehr Ahnung vom (Sex-)Leben zu haben, in Ihre Arme oder sogar gleich auf Ihren Schoß treiben. Streuen Sie diese literarischen Verlockungen aus wie Vogelfutter bis zur Falle! Je schöner und kostbarer die Exemplare sind, desto mehr steht der Kunst- und Bildungswert im Vordergrund und überdeckt die eigentliche Wirkung, nämlich, neugierig auf Sex und die verschiedenen Spielarten der Erotik zu machen.

Noch leichter ist es in dieser Hinsicht, über den Weg der bildenden Kunst der Partnerin die Rechtfertigung für die Beschäftigung mit erotischen Dingen zu liefern. Auch wenn Frauen im Vergleich zu Männern weniger visuell veranlagt sind, kann keine Frau behaupten, dass sie einer schönen und doch gewagten Darstellung der Lust gleichgültig gegenüberstünde. Falls die erotischen Zeichnungen eines Bayros, Beardsley oder Rops den Geschmack der Braven verfehlen, können Sie sie bestimmt damit provozieren, dass Sie ihr zeigen, was anerkannte große Maler «so zum Spaß» an leicht pornographischen Kabinettstückchen produzierten. Gehen Sie gemeinsam auf Entdeckungsreise, denn Sie sollten nicht als Lehrmeister fungieren! Bildbände berühmter Aktfotographen haben immer ihren besonderen Reiz, und auch die unschuldigsten Braven werden so leicht den Blick nicht abwenden, wenn schöne Körper im rechten Licht erscheinen.

- *Zelebrieren Sie den Besuch einer Ausstellung oder auch nur einer Buchhandlung mit erotischen Werken mit einem Glas Sekt (Champagner!) zu Beginn. Das führt gleich zu einer gelösteren, leicht lustvollen Stimmung!*
- *Platzieren Sie erotische Literatur oder Bilder auf der Toilette oder im Bad. Dezent, aber unwiderstehlich für neugierige Mädchen!*
- *Verbieten Sie Ihrer Partnerin, in Ihrer «Schatzkiste» zum Beispiel aus Studentenzeiten zu stöbern (genau das wird sie tun!), und füllen Sie diese mit leicht erotischen Dingen!*
- *Locken Sie sie aus der Reserve, indem Sie sie bei manchen Fragen, die die Sexualität betreffen, um Hilfe bitten (stellen Sie sich trotzdem nur ein wenig dümmer, als Sie sind!)! Eine Brave wird sich freuen, ihre Souveränität beweisen zu können, und Sie steuern das Gespräch in die von Ihnen gewünschte Richtung.*
- *Gute Ausreden für die Beschäftigung mit Erotik bietet zudem die Auseinandersetzung mit fremden Kulturen, insbesondere mit exotischen Fruchtbarkeitsritualen oder Initiationsbräuchen. Das war schon die Entschuldigung unserer Großväter für die netten Bilder von barbusigen Afrikanerinnen … Auch alle literarischen Werke unter dem Titel «Sittengeschichte» fallen darunter.*

Verlockung impliziert immer einen gewissen Vorteil, den sich der Verführte erwartet. Folglich sind ***Geschenke*** wohl die naheliegendste Versuchung und wahrscheinlich die älteste. Geschenke, die eine Brave vom Weg der Tugend mehr in Richtung Spaß am Sex bringen sollen, müssen einige Kriterien erfüllen, ehe sie sich wirklich dafür eignen:

- *Sie dürfen die Partnerin in keiner Weise schockieren, selbst wenn es sich um Scherzgeschenke zu einem lustigen Anlass handelt.*
- *Sie dürfen nur sehr wenig das Maß überschreiten, das Ihre Partnerin als Norm für «anständig und akzeptabel» gewählt hat. Bei einer Braven liegen Sie mit einem Vibrator aus bestem Haus wahrscheinlich komplett daneben, während sie vielleicht rosa Liebeskugeln im Osternest ganz reizend findet.*
- *Beweisen Sie Geschmack eher als Originalität und Sinn für Humor, es sei denn, Ihre Brave kennt und liebt Ihre Extravaganzen!*
- *Lassen Sie sich Zeit! Überlegen Sie lange und gründlich bei der Auswahl Ihrer Geschenke! Je näher Sie den persönlichen (heimlichen) Vorlieben Ihrer Partnerin kommen, desto schneller öffnet sie sich Ihren Wünschen, weil sie merkt, dass Sie sich intensiv mit ihr befassen – auch außerhalb des Bettes.*
- *Geschenke, die die Schönheit Ihrer Partnerin in den Vordergrund rücken, wie Kleider, Dessous, Schmuck, aber auch Fotos oder Zeichnungen von ihr, sind*

immer angebracht, während andere von Frauen doch eher nachrangig gereiht werden. Auch kluge Frauen möchten zuerst einmal schön sein ...

- *Hüten Sie sich davor, im Kopf die klassische Rechnung «Sex gegen Geschenk» anzustellen! Das ist schneller der Fall, als Sie vor sich selbst zugeben wollen, und macht Druck.*
- *Mit Dessous, Sexspielzeug und einschlägiger Literatur werden Sie rasch als sexueller Aggressor enttarnt. Trotzdem dürfen und sollen Sie solche Dinge schenken, wenn die Zeit reif dafür ist.*
- *Umgekehrt sind solche Geschenke falsch, die Ihre Partnerin nicht erotisch werten kann, weil es ihr an Sensibilität für derartige Anspielungen fehlt. Bei ihr brauchen Sienicht mit riesigen roten Flamingoblumen aufspazieren, wenn diese im Kakteenfenster landen ...*

Normalerweise wären Geschenke ein idealer Einstieg, um sich gewisse Wünsche erlauben zu dürfen, da sie ja der Partnerin zeigen, wie sehr man sie schätzt. Und eigentlich sind sie das ursprüngliche Paarungsritual. Hier das Fressen, da der Sex. Aber leider funktioniert es nicht mehr so geradlinig. Zwar kommen beim gemeinsamen Dinner noch immer alte Werberituale wie das Füttern und langsame Näherrücken zum Tragen, doch *eine Einwilligung zum Essen heißt auch beim zehnten Mal noch nicht, dass damit gleichzeitig ein sexuelles Interesse vorliegt, sogar wenn die Gespräche erotischen Inhalts sind.* Das ist eines der häufigsten Missverständisse zwischen Mann und Frau. Daraus Rückschlüsse auf etwaige Unterschiede im sozialen Entwicklungsstand zu ziehen, wäre aber mehr als verwegen. Sie können also getrost Ihre Partnerin zu einem Candlelight-Dinner ausführen, in der Absicht, sie nachher auf erotischem Gebiet ein wenig herauszufordern. Deswegen stellen Sie sich noch lange nicht auf dieselbe Stufe wie der Zuckerrohr schwenkende Primat, der auf Sex aus ist.

Dessous als Geschenk

Man möchte es nicht glauben, aber tatsächlich gibt es sogar sehr viele Frauen, die dem Tragen von seidenen Wäscheträumen einfach nichts abgewinnen können. Abgesehen von dem Argument, dass manche Edelstücke tatsächlich kaum an den Tragekomfort von Baumwollleibchen heranreichen, spielt ein Punkt die Hauptrolle: Einige Frauen fühlen sich darin billig und extra «aufgemascherlt» für die schmutzigen Begierden eines Mannes. Hinzu kommt, dass Brave keine Erfahrung darin haben, wie erotische Ausstrahlung, Selbstbewusstsein und Spaß am Sex sich gegenseitig bedingen. Sie können noch so hübsch sein, das Wissen um den Mangel an erotischer Ausstrahlung lässt eine Brave vor Dessous zurückschrecken, weil sie sich in Reizwäsche eine «doppelte» Blöße gibt (wie sie glaubt). Bei anderen Frauen ist es das Gefühl, dass es für ihren Körper besser wäre, eher versteckt als betont zur Schau gestellt zu werden. Immerhin wirkt kaum etwas so schnell tragisch und lächerlich wie schlecht sitzende Dessous an einer unsicheren Frau. Und Sie selbst haben eine nur allzu gute Vorstellung davon, wie Ihre Partnerin in dem Traumstück aus Spitzen und Seide aussehen *sollte*! Wenn Sie sich für ein Dessous-Geschenk entscheiden, beachten Sie bitte ein paar Dinge:

- *Sie sollten neben der Kleider- und BH-Größe Ihrer Partnerin auch deren Wäschegeschmack kennen. Vielleicht gelingt Ihnen ein Blick in ihren Schrank. Welche Farben bevorzugt sie bei Unterwäsche und auch sonst? Was vermeidet sie? Ist ihr Stil eher schlicht oder verspielt? Was hält sie persönlich für ihre «Problemzonen»?*
- *Am einfachsten wäre es freilich, mit der Partnerin gemeinsam Dessous auszusuchen, doch dann geht das Wesentliche des Geschenkes verloren: die Idee, dass Sie sich intensiv und ganz persönlich mit dem Wesen Ihrer Partnerin auseinandergesetzt haben. Entscheiden Sie sich trotzdem für diesen Weg, machen Sie den Einkauf zu einer kleinen sinnlichen Feier (Sekt zum Einstieg, ein besonders hübsches Geschäft mit heimeliger Atmosphäre anstelle von aufdringlichen Verkäuferinnen und viel, viel Geduld Ihrerseits!)*
- *Fragen Sie nie die beste Freundin, die Mutter oder eine Kollegin, auch wenn sie Ihnen weiterhelfen würden! Es geht sie weder etwas an, was Sie Ihrer Partnerin schenken, noch, was sie «darunter» trägt.*
- *Wenigstens zu Beginn sollten Sie ein edles Stück wählen, das überzeugt auch die Bravste davon, dass sie nicht «billig» wirkt. Später dürfen Sie dann ruhig andere, frechere Stücke aus einem Sexshop oder Katalog kaufen, aber zuerst einmal muss feinstes Material die Verführungsarbeit leisten …*
- *Frauen lieben Kleider in Schachteln verpackt, das gilt auch für Dessous. Nicht umsonst sieht man in Filmen die glücklichen Heldinnen mit Armen voller Schachteln nach der Shopping-Tour. Oder vergegenwärtigen Sie sich den besonderen Reiz einer Hutschachtel! Es ist ganz etwas anderes als eine Cellophanpackung, die man durchs Geschenkpapier fühlt. Verpacken Sie also auch ein Höschen in einer mit Seidenpapier ausgelegten Schachtel!*
- *Zügeln Sie Ihre Neugier und helfen Sie Ihrer Partnerin erst beim Anprobieren, wenn sie Sie darum bittet! Natürlich bieten Umkleidekabinen eine phantastische Gelegenheit, die Sinne anzuheizen, und man kann (fast) überall die Partnerin beim Umziehen*

begleiten. Aber denken Sie zuerst daran, dass sich die Brave in der Wäsche wohl fühlen muss und sich nicht in einem falschen Stück vor Ihnen blamieren will! Dann allerdings zeigen Sie Ihr ruhig recht deutlich, welch herrlichen Eindruck der Anblick auf Sie macht, und nützen Sie die knisternde Atmosphäre der Kabine! (Bei ganz Braven reicht das Schlaf- oder Badezimmer)

Noch ein kleine Hilfe, um das «*Dessous-Latein*» zu verstehen:

Zentimeterangaben wie z. B. *80, 90* usw. beziehen sich auf den Brustumfang. Ein breiter Rücken kann also rein messtechnisch für eine große Oberweite sorgen. Die tatsächliche «Fülle» drückt sich in der *Körbchengröße* (von A bis DD oder F) aus. A bedeutet «kann man noch gelten lassen», während DD schon in Richtung «Fruchtbarkeitsgöttin» geht.

BH = Büstenhalter: *Ihn gibt es in den verschiedensten Ausführungen. Eingearbeitete Reifen sorgen bei manchen Modellen für mehr Halt.*

Push-up: *Ist ein ausgepolsterter BH mit Wonderbra-Effekt.*

Bustier: *Ist ein bauchfreies Oberteil mit oder ohne eingearbeiteten BH.*

Body: *Bezeichnet ein bis zum Schritt durchgehendes Oberteil aus elastischem Material. Meist im Schritt zu schließen.*

Corselett: *Ist ein mit Stäbchen verstärktes Oberteil, das bis zur Taille reicht und mit Strapsen versehen ist.*

Korsett: *Bezeichnet ein mit Stäbchen verstärktes Oberteil.*

French knickers: *Höschen mit viel Spiel um die Oberschenkel.*

Tanga: *Beinloses Höschen.*

String-Tanga: *Beinloses Höschen mit schmalem Steg als Rückseite (lässt die Pobacken frei).*

Slip: *Höschen mit (fast) keinem Bein.*

Catsuit: *Ganzkörperanzug.*

Stay-ups: *Halterlose Strümpfe, halten durch eingearbeitetes Gummiband.*

Strumpfbandgürtel: *Mehr oder weniger breites Band mit Strapsen.*

ouvert: *«im Schritt offen».*

Wählen Sie zum Einstieg wirklich edle Wäsche aus einem Fachgeschäft! Das Material der Dessous aus Sexshops und Katalogen ist meist von minderer Qualität, rauer und kann kratzen. Erschrecken Sie nicht darüber, dass ein paar Zentimeter Stoff mehr kosten als vielleicht ein ganzes Kleid! Dessous gehören nun einmal zu den schönsten Luxusartikeln.

Brave verstehen Dessous oft zu Recht als Geschenke, die Sie sich eigentlich selbst machen. Daher ist es umso wichtiger, dass Sie den Geschmack Ihrer Partnerin genau treffen und nicht vorrangig davon ausgehen, was Ihnen gefallen würde. Sie können den Eindruck des erotischen Hintergedankens unter anderem auch dadurch mindern, dass Sie Dessous in Verbindung mit einem Kleid schenken, als nette Draufgabe sozusagen, um das Outfit zu komplettieren. Ja, auch als «Unterlage» für eine Perlenkette machen sich seidene Bodys und Spitzenstrümpfe wunderbar, Brillanten kommen gut auf Samt zur Geltung ...

Zum Abschluss ein Hinweis auf ein ebenso berühmtes wie verfemtes Geschenk: den Pelzmantel. *Kein anderes Geschenk, nicht einmal der viel gepriesene Diamant, birgt so viel Erotik und aufregende Sinnlichkeit wie ein Mantel aus edlem* ***Pelz***. Leider kann daran kein Umwelt- und Tierschutzgedanke etwas ändern, und das Gefühl, das ein Wildtierpelz im Menschen auslöst, erreicht das beste Imitat höchstens annähernd. Wer einmal die Wärme und das Wechselspiel zwischen Rauheit und seidiger Glätte auf nackter Haut gespürt hat, versteht die Faszination, der Sacher-Masoch bei seiner «Venus im Pelz» verfallen ist. Bevor Sie sich aber mit dem Gedanken anfreunden, viel Geld für einen sinnlichen Genuss auszugeben, der vielleicht nur in Ihrem Kopf stattfinden wird, weil Ihre Brave keineswegs nackt im Nerz vor Ihnen erscheinen will, sollten Sie wissen, dass Pelze noch stärker als Dessous der Gefahr unterliegen, zumindest in den Augen einer Braven «nuttig» und «billig» (egal, wie viel sie kosten!) zu wirken. Und eigentlich müsste ein Innenpelz weitaus stimulierender sein als ein Pelzmantel mit Seidenfutter ... Allerdings klingt «Venus im Maihamster» doch ein bisschen seltsam.

Geschenke haben allein deswegen schon eine erotisierende Wirkung, weil sie die Stimmung heben und dem Tag eine andere Bedeutung geben. Diese «Ausnahmesituation» kann man sich wirklich zunutze machen, indem man zusätzlich noch für viele Impulse sorgt, die das «Außergewöhnliche» betonen. Damit schafft der Verführer die optimale Basis für ein nicht minder «außergewöhnliches» Verhalten, sprich: Mehr Sex vonseiten der Braven, die alles vor sich rechtfertigen kann mit dem Hinweis auf die Nicht-Alltäglichkeit.

Es lohnt sich also, viel Mühe für ein Geschenk und das «Drumherum» aufzuwenden. *Geschenke machen Freude, und von Freude zu Spass und Lust und Sex ist es nicht weit.*

Das Liebesnest

Wilden Sex kann man im Kohlenkeller ebenso gut erleben wie in der Luxussuite eines vornehmen Hotels. Daraus könnte man leicht schlussfolgern, dass die örtlichen Gegebenheiten keinen wesentlichen Einfluss auf das Liebesleben haben. Das ist komplett falsch. Der Frau, die im Kohlenkeller von heftigen Orgasmen durchgeschüttelt wird, erscheint das hässliche Umfeld nicht belanglos, sondern sexy oder sehr vertraut (kann ja sein) und entspannend, sonst würde es ihr gar nicht gelingen, einen echten Orgasmus zu erleben. Dasselbe gilt für jene, die in der Luxussuite dahinschmilzt. Frauen nehmen gerade beim Sex ihre Umgebung sehr intensiv wahr, und die geringste Irritation führt oft zu einer radikalen Änderung der Gefühle. Viel eher als beim Mann müssen bei der Frau die «Rahmenbedingungen» stimmen, bevor sie sich hingeben kann. Dabei spielen nicht nur optische, sondern auch alle anderen mit den Sinnesorganen wahrnehmbaren Reize eine Rolle. *Der Raum, in dem sich eine Frau während des Liebesaktes befindet, entscheidet sehr wesentlich darüber, wie schnell sie zum Orgasmus kommt und wie sehr sie ihn überhaupt genießen kann.* Wenn Sie vorhaben, Ihre Partnerin zu verführen, sollten Sie großen Wert auf Ihr «Liebesnest» legen, nicht nur weil Sie vielleicht zeigen wollen, was Sie – Ihren Möglichkeiten entsprechend – gemütlich bzw. sexy finden, sondern vor allem weil Sie beide ganz wesentlich von den Stimulantien profitieren werden, die der richtige Raum zu bieten hat. Natürlich spiegelt die Wohnung immer die Persönlichkeit des Inhabers (abgesehen von den finanziellen Mitteln und den Gestaltungsmöglichkeiten). Ihre Wohnung, und im Speziellen Ihr Schlafgemach, müssen Sie in Hinblick auf Ihre Verführungsabsichten fast so wichtig nehmen wie Ihr eigenes Erscheinungsbild. Zwei Kriterien sind bei der «erotischen Qualität» eines Raumes ausschlaggebend:

- *Er sollte behaglich vertraut und/oder fremdartig reizvoll sein.*
- *Irritationen, die eine Frau zum Nachdenken bringen, müssen entfernt werden. (Fotos von früheren Geliebten, Waffen usw.)*

Natürlich macht es einen gewaltigen Unterschied, ob Sie Ihre Brave nach langer Zeit im gemeinsamen Schlafzimmer wild machen wollen oder ob Sie eine neue Liebe zum ersten Mal in Ihr Bett locken (hier ist schon von vornherein der Effekt des Fremdartig-Reizvollen gegeben). Trotzdem muss noch lange kein neues Schlafzimmer her, wenn Sie mit

Ihrer Dauer-Braven eine radikale Änderung des Sexlebens herbeiführen möchten. Dass Ihre Partnerin steif im Bett liegt, hat nur selten etwas mit der Matratze zu tun … Und doch schadet es keineswegs, den Schlafraum (sofern es sich dabei um den Schauplatz Ihrer häufigsten Sex-Zusammenkünfte handelt) einer kleinen Überprüfung zu unterziehen. Sie wollen ja eine Änderung, und was sich innen im Kopf abspielt, können Sie auch in geeigneter Form nach außen tragen. Im Laufe der Zeit verwandeln sich nämlich viele Schlafzimmer in mäßig benutzte Räume, in denen Bügelwäsche und Hometrainer vor lästigen Besucherblicken verborgen werden und Hochzeitsbilder vor sich hin gilben. Sie sind so gut durchlüftet, dass einen fröstelt, und meist tritt mit den Jahren die Schlaffunktion überdeutlich hervor, was sich in Heizdecken und mit Arzneimitteln dekorierten Nachttischen niederschlägt. Da ist die Atmosphäre freilich sehr vertraut, aber der richtige Hintergrund für sexy Dessous scheint ein Rheumaplaid aus Katzenfell doch nicht zu sein – bei allem Respekt für Pelzfetischisten! Ein paar einfache Tipps können Ihnen helfen, ins Schlafzimmer mehr Sex kommen zu lassen:

- *Entfernen Sie alles, was besonders Ihre Partnerin an häusliche Pflichten erinnert! Zum Beispiel Bügelwäsche, Staubsauger und diverse Putzgeräte. Auch Kinderfotos haben im Schlafzimmer eigentlich nichts verloren, wenn Sex wieder Hauptthema werden sollte. Dasselbe gilt für Fitnessgeräte, die eine Brave ständig ermahnen, was sie für ihren Körper tun müsste.*
- *Zögern Sie nicht und legen Sie sich rote Satinbettwäsche zu! Ihre Bedenken von wegen «alter Hut» und «geschmacklos» können Sie vergessen. Rote Bettwäsche animiert zum Sex, und dass man darin schlechter schläft, ist doch das geringere Übel …*
- *Der Fernseher am Fußende des Bettes mag ja das Optimum für Fans der Spätsendungen und Videos sein, er hat aber eine teuflische Eigenschaft: Er fördert die (sexuelle) Faulheit. Oder wollen Sie Ihre Brave nur dazu bringen, die Reiterstellung zu favorisieren, damit Sie bequem liegen bleiben und weiterglotzen können? Platzieren Sie ihn doch woanders oder sorgen Sie wenigstens dafür, dass er zeitweilig in einem Kasten verschwindet!*
- *Ändern Sie die «Duftnote» Ihres Schlafzimmers, indem Sie zum Beispiel Schalen, Lampen, Kerzen oder Räucherstäbchen mit speziellen Aromen verwenden. Vielleicht ist ein Geruch dabei, der Ihre Partnerin an einen besonders schönen Moment erinnert. Vielleicht entdecken Sie auch ein Parfüm mit ähnlich sentimentaler Wirkung …*
- *Ein neues Bild an der Wand verzaubert oft den ganzen Raum. Machen Sie sich doch gemeinsam auf die Suche!*

Ganz zu schweigen von der Wirkung, die eine andere Beleuchtung hat! Auch Vorhänge üben einen wesentlichen Einfluss auf das Licht und somit die Gesamtstimmung des Raumes aus.

Rosa herrscht nicht umsonst in Jungmädchenzimmern und in Gemächern älterer Damen vor. Diese Farbe, die so viele Frauen mögen, ist ein Sex-Killer! (Ausnahme: Hot Pink.) Über Braun kann man Ähnliches sagen. Also frischen Sie die Farben in Ihrem Schlafzimmer auf! Lesen Sie diesbezügliche Literatur, und richten Sie sich nach Ihrem Gespür!

Sie müssen kein Esoterik-Fan sein, um sich einmal mit den Grundsätzen des Feng-Shui auseinander zu setzen. Durchstöbern Sie ruhig die einschlägige Literatur! Bestimmt finden Sie ein paar brauchbare Anregungen, die Sie auch in die Tat umsetzen können. Selbstverständlich garantieren Delphinpärchen und eine Ansammlung von hübschen Fensterkristallen keinen besseren Sex, und eine Brave wird durch die bloße Umstellung des Bettes noch lange nicht wild (es sei denn, Sie brauchen dafür den ganzen Abend), aber die gemeinsame Beschäftigung mit diesem Thema bringt ein neues Ziel und mehr Nähe. Vielleicht kündigt sich hier sogar schon der Übergang zu fernöstlichen Liebestechniken an …

Eines aber sollten Sie grundsätzlich bedenken, wenn Ihnen nach Neuanfang ist:

Den Aufbruch in ein wirklich anderes Liebesleben starten Sie am besten in einer fremden Umgebung. Sie können dafür den Urlaub nützen, oder entführen Sie Ihre Partnerin für eine einzige Nacht in ein wunderschönes Hotel! Da ist schon einmal der uralte Morgenmantel aus dem Blickfeld, und der Gedanke, um acht nicht das Frühstück servieren zu müssen, lässt viel Platz im Kopf für längst vergessene Gefühle … Auf alle Fälle sollten Sie danach das eigene Schlafzimmer doch insofern umgestalten, dass es wieder ein romantischer Ort wird. Wenn Sie es sich leisten können, wäre ein spezielles Liebesnest, zum Beispiel eine separate kleine Wohnung, das Beste, weil sie hier den Alltag komplett ausblenden dürfen. Das hat etwas Verstohlenes an sich und wirkt natürlich erotisierend. Allerdings liegt die Gefahr darin, dass Ihre Partnerin Sie verdächtigen kann, dieses Liebesnest auch mit anderen zu teilen.

Sollten Sie sich in der Situation befinden, dass Ihr Schlafzimmer zumindest noch im Wesentlichen Ihr Reich ist und die Brave eigentlich ein Gast, dürfen Sie folgende Ratschläge beherzigen:

- Eine Brave hat es nicht gern, wenn sie schon beim Betreten der Wohnung sieht, wo Sie sie hinhaben wollen. Hüten Sie Ihr Schlafgemach vorerst wie ein Geheimnis! Im Notfall tut's ein Wandschirm.
- Wie Ihr Körper kann auch Ihr Liebesnest sexy oder abtörnend wirken. Für beide gelten ähnliche Kriterien, z. B. Hygiene, Gerüche, Zeichen des Vorlebens usw. Das heißt keineswegs, dass brave Mädchen in einer sterilen Chromstahlküche in die Knie gehen und sich wollüstig auf dem Marmor wälzen, während Sie auf Ihrem verbröselten Jutesofa vergebens auf ein Küsschen warten. Das Gegenteil ist sogar oft der Fall: Gerade brave Mädchen zeigen eine Vorliebe für Junggesellenbuden, die auch den Geschmack so mancher Kakerlake treffen würden. Das Flair des Verbotenen geht von solchen Räumen aus und stellt für eine Brave eine Herausforderung dar, sozusagen eine Mutprobe für ihren auf Perfektion getrimmten Geist.
- Keine Frau liebt grelles, kaltes oder blau getöntes Licht, weil es ihren Körper unschön erscheinen lässt. Auch allzu schummrige Beleuchtung ist nicht ideal, weil brave Mädchen schnell glauben, Sie hätten etwas vor, das ihnen nicht geheuer ist.
- So banal es klingen mag, ein kalter Boden ist häufig schuld am lustlosen Gehabe einer Frau. Heizen Sie Ihrer Liebsten richtig ein! Bei Sexspielen, die nicht unter der Bettdecke stattfinden, muss die Raumtemperatur entsprechend hoch sein. (Mit klammen Fingern löst man keine Fesseln!)
- Ein echtes Liebesnest hat etwas von einer Höhle, egal wie groß der Raum tatsächlich ist. Denken Sie an das ausgeprägte Sicherheitsbedürfnis einer Braven. Bieten Sie Ihr die Möglichkeit, sich irgendwo verkriechen zu können! Frei stehende Betten haben den Vorteil, dass man viel mit ihnen anstellen kann, allerdings wirkt eine Wand schützend.
- Manche Männer planen sogar ihre Küche nach ihren sexuellen Vorlieben, sodass die Höhe der Möbel der ihrer Leistengegend entspricht. Das ist vielleicht ein wenig überzogen, aber immerhin könnten Sie beim Bett daran denken, wie gut sich vielleicht Handschellen daran befestigen lassen …
- Spiegel, die für reizvolle Selbstbeobachtung sorgen, sind zumindest am Anfang ein Verunsicherungsfaktor für eine Brave. Wer sich selbst nicht gern nackt sieht, möchte sich schon gar nicht beim Geschlechtsakt beobachten. Später freilich, wenn die ersten Schritte in ein wilderes Leben getan sind, werden Spiegel auch für Brave zu Verführern, nicht zuletzt bei der lustvollen Beschäftigung mit sich selbst.
- Kerzen gehören einfach dazu. Sie verzaubern jeden Raum, und eigentlich können es gar nie zu viele sein. Sie spenden nicht nur ein weiches Licht, das dem Körper schmeichelt, sie wärmen; und dann freilich sind sie wohl das beliebteste Utensil für die unterschiedlichsten Varianten des Sexvergnügens.
- Kahle Wände und riesige Fensterflächen wirken ernüchternd, das gilt auch für

sehr hohe Räume. Stoffe in jeder Form haben hingegen einen verhüllenden, schützenden und – je nach Material – auch erotisierenden Effekt.

Passen Sie bei Bildern auf, dass sie nicht Gesichter und Gestalten zeigen, die beim Sex wie Beobachter fungieren! Entfernen Sie alle Fotos von Frauen, die in Ihrem Leben eine Bedeutung (gehabt) haben!

Frauen scheinen zu spüren, wo viel Sex stattgefunden hat, und werden dort gern selbst aktiv. Trennen Sie sich nur im Notfall von «altbewährten» Stücken!

Schaffen Sie sich gerade im Schlafzimmer ein letztes Refugium für Ihre ganz privaten Sachen! Ein Geheimnis muss bleiben, genauso wie Sie selbst nicht alles über sich verraten sollen!

Es hat keinen Sinn, wenn Sie sich bei der Gestaltung Ihres Liebesnests an irgendwelche Vorbilder klammern. Ein Raum, der keine persönliche Handschrift hat oder dem man das verkrampfte Ringen um Originalität anmerkt, ist nie inspirierend. Ihre Wohnräume werden sich mit Ihrer Person entwickeln. Passen Sie also auf, dass Sie Ihre Winnetou-Poster noch vor dem Vierziger abhängen! Brave Mädchen lassen sich ungern von kleinen Jungen mit beginnenden Potenzstörungen verführen! Was einen Raum letzten Endes zu einer richtigen Sex-Höhle werden lässt, bleibt den Empfindungen Ihrer Partnerin vorbehalten. Sie können viel dazu tun. Aber warum ein im wahrsten Sinne des Wortes «abgefucktes» Besuchersofa eine geradezu magische Wirkung auf alle Frauen ausübt, die darauf zu sitzen kommen, und ein edles Lederstück nicht, wird wahrscheinlich immer ein Rätsel bleiben. Geben Sie sich deshalb auch mit der Tatsache zufrieden, dass Sie, selbst wenn Sie das beste Zimmer eines Stundenhotels originalgetreu kopieren, nie die verrucht-schäbige, unwiderstehlich erotische Atmosphäre eines Bordells in ihre eigenen vier Wände bringen können. Da nützt Ihnen auch ein rotes Licht herzlich wenig.

Vom Apfel bis zum Zaubertrank

Speisen und Getränke gehören zum Verführungsritual. In ihnen spiegelt sich ein wesentlicher Teil der Kulturgeschichte. Es ist daher nicht erstaunlich, dass man bei den typischen «Liebesmahlzeiten» noch immer auf uralte als Aphrodisiaka bekannte Zutaten stößt.

Wer ein wenig planmäßig vorgehen möchte und auch ein Mittag-

oder Abendessen im Auge hat, das die Liebste nicht nur beeindrucken, sondern auch offener für sexuelle Gelüste machen soll, darf auf zwei Hauptfaktoren zählen:

- *Ein Liebesmahl regt in angenehmer Weise den Geruchs-, Geschmacks- und Gesichtssinn an. Die Reize können schon erotische Komponenten beinhalten, z. B. optisch auf ein Geschlechtsteil anspielen, einen leicht an Sperma erinnernden Geruch oder Geschmack haben usw.*
- *Die Zutaten wirken stimulierend auf die Beckenregion und gleichzeitig leicht enthemmend (die wichtigsten Eigenschaften aller gebräuchlichen Aphrodisiaka).*

Grundsätzlich müssen Sie sich überlegen, ob Sie die Geduld für eine langfristige Änderung Ihres Speiseplans (und den Ihrer Partnerin) in Hinblick auf die erotikfördernde Wirkung aufbringen, oder ob Sie an einem einzigen Abend möglichst viel erreichen wollen.

Für eine langfristige Änderung gelten folgende Richtlinien:

Unsere sexuelle Lust hängt sehr stark von unseren Essgewohnheiten ab, selbst wenn wir wahrscheinlich keinen unmittelbaren Zusammenhang zwischen dem Genuss einer Bockwurst und unseren erotischen Begierden sehen. Wahrscheinlich lassen wir uns sogar von der Phallusähnlichkeit besagter Wurst dazu verleiten, sie fast in den Bereich der aphrodisierenden Lebensmittel zu geben. Dort hat sie – rein chemisch betrachtet – nichts verloren – trotz des Zinkgehalts.

Zink ist sozusagen der «Luststoff» schlechthin. Zinkmangel wirkt sich negativ auf die Keimdrüsen aus, beeinflusst den gesamten Hormonhaushalt und führt zum Nachlassen der **Libido**. Da reine Vegetarier, Frauen, die die Pille einnehmen, und solche, die strenge Diäten halten oder unter Stress stehen, ideale Kandidaten für einen Zinkmangel darstellen, könnte auch Ihre «Brave» dazuzählen.

Verführen Sie Ihre Partnerin doch öfter zu einem Fischmenü, zu Lamm oder Hartkäse! Und vergessen Sie nicht die berühmteste Lustmahlzeit: **Austern**! Sie sind wahre Zinkbomben (allerdings können sie schwer im Magen liegen). Und Ihnen selbst wird eine zinkorientierte Nahrungsumstellung überhaupt nicht schaden: Zink ist der Liebling Ihres Spermas. Es schützt die Spermien nicht nur vor freien Radikalen, sondern sorgt auch dafür, dass Sie Ihre Energie nicht vorzeitig vergeuden. Fünf Milligramm Zink befinden sich durchschnittlich im Ejakulat. Was lässt sich daraus schließen? Oralverkehr könnte die Lust auf Sex steigern. Und für Ihre Partnerin wäre es ein einfaches Mittel, um ihr stressbedingtes Zinkdefizit auszugleichen …

Vitamine, allen voran das Vitamin C, und Mineralstoffe sind für das Liebesleben genauso wichtig wie für das körperliche und seelische Wohlbefinden generell. Da das Zusammenspiel der einzelnen Stoffe und ihre Wirkung auf den Hormonhaushalt sehr komplex ist, wird man mit der unspezifischen Einnahme von Vitaminpräparaten wenig erreichen. Auch wenn unsere natürlichen Nahrungsmittel nicht ganz den Anforderungen entsprechen, nämlich unseren Nährstoffbedarf richtig abzudecken, ist es der bessere Weg, sich nach den Maßstäben einer biologisch-vollwertigen Kost zu orientieren, als das herkömmliche Essen mit Pulvern «sextauglich» zu machen. Grundsätzlich können Sie sich vor Augen halten, dass viel Obst und Gemüse und ein Übergewicht an Kohlehydraten gegenüber Fett und Eiweiß sich positiv auf das Sexualleben auswirken. Besonders «anregend» sind Gemüsearten, die zur Entwässerung führen. Sie erzeugen einen Druck auf die Harnblase, der als stimulierend empfunden wird. Hierher gehören die altbekannten Liebesgemüse wie Sellerie, Spargel und Artischocke. Hülsenfrüchte (auch sie spielen im Liebeszauber eine große Rolle), alle Kohlarten und natürlich Vollkornprodukte sollten häufig gegessen werden.

Beim Getreide hat Hafer eine spezielle Bedeutung: Da der Genuss von Hafer den **Testosteron**spiegel ansteigen lässt und gerade Frauen darauf höchst empfindlich reagieren (Haferbrei macht tatsächlich sexy!), werden Sie Ihrer Braven wohl öfter einen Müsliriegel gönnen … Der Apfel, der ja als die Liebesfrucht schlechthin gilt, ist immer noch eines der bewährtesten Mittel, um täglich an die wichtigsten Vitamine, Mineralstoffe und die so genannten bioaktiven Substanzen zu gelangen.

Liebesförderlich sind darüber hinaus noch viele Küchenkräuter und Gewürze. Gehen Sie nach dem Prinzip vor: Scharf macht scharf! Nehmen Sie in Ihren Küchenschatz Ingwer, Langen Pfeffer und Kardamom auf! Diese Gewürze bringen auch die Bravste auf Trab … Zimt, Muskat, Anis und Vanille sollten ebenfalls nicht fehlen! Mit einigen Gewürzen wie Fenchel und Kümmel kann man auch den größten Nachteil dieser gesunden Ernährung ausgleichen, der gleichzeitig erklärt, warum man beim Essen zur Steigerung der Lust zwischen lang- und kurzfristig unterscheiden muss: Die meisten Gemüse- und Vollkornprodukte, aber auch rohe Milch fördern Blähungen. Setzen Sie beim ersten Dinner folglich nicht auf Bohnensuppe und frische Vollkornbrötchen!

Die größten Feinde der Libido sind Alkohol und Fett. **Alkohol** hat nur in geringen Mengen die erwünschte positive, sprich enthemmende Wirkung, später ist er der «Feind im Bett». Eine fettreiche Ernährung, die wir gern in Form von Fleisch und Wurst zu uns nehmen, kann sich in einer drastischen Senkung des Testosteronspiegels niederschlagen, was schlichtweg bedeutet: keine Lust bei Mann und Frau.

*Eine kurzfristige Erhöhung der sexuellen Bereitschaft erzielen Sie mit folgenden Vorschlägen für ein **Liebesmahl:***

- *Wählen Sie Speisen, die leicht verdaulich, fettarm und auch nicht zu reich an Kohlehydraten sind (sättigen zu rasch und lassen die Partnerin eher an die Bettdecke als an Sie denken)!*
- *Die Gewürze und der optische Eindruck sollen im Vordergrund stehen!*
- *Exotische, edle Speisen machen neugierig, öffnen die Sinne. Hüten Sie sich aber davor, Ihre Partnerin mit Speisen, die einer Mutprobe gleichkommen, zu überfordern!*
- *Orientalische und asiatische Speisen beinhalten viele Gewürze, die eine aphrodisierende Wirkung haben, z. B. Zimt, Muskat, verschiedene Pfefferarten.*
- *Fisch- und Krustentiere sind beliebte Speisen beim Candlelight-Dinner. Frauen denken jedoch manchmal, dass sie danach «fischig» riechen könnten. Trotzdem sollten Sie zu Austern greifen. Mit ihnen verbindet man von vorneherein erotische Absichten. Wenn Sie Ihre Brave vorsichtig auf den Geschmack bringen wollen, fangen Sie mit der überbackenen Variante an!*
- *Wählen Sie kein Fünf-Gänge-Menü! Sie wollen ja nicht bloß essen und reden!*
- *Gemein, aber wirksam: Das Dinner sollte Ihre Partnerin mehr anregen als sättigen. Freilich darf sie nicht mit knurrendem Magen heimgehen, aber «Irgendetwas fehlt mir noch» muss in ihren Gedanken sein! Von Lust auf Steak zur Fleischeslust …*
- *Sie selbst sollten satt, doch nicht «überfressen» sein, schließlich wartet noch eine Menge sportlicher Anstrengung auf Sie! Am besten wäre es, Sie würden sich vor dem Dinner noch (heimlich) mit Kohlehydraten versorgen! Ein Entspannungsdrink sei Ihnen gegönnt, doch Hände weg vom Bier (Blähungen, Müdigkeit)!*
- *Essen Sie keinen Spargel oder Knoblauch, sofern Sie später mit Oralsex rechnen! Ihr Sperma wird scheußlich schmecken (oft noch nach Tagen …)!*
- *Verpacken Sie aber Zutaten in Ihre Speisen, die versteckt angenehm nach dem männlichen Samen duften wie zum Beispiel Kastanien, Kaviar, Kokosmilch oder Camembert!*

- *Die Speisen, besonders jene fürs Dessert, sollen sich auf den Lippen erotisch anfühlen: zart schmelzend, cremig oder sogar glitschig mit einem festen Kern. Viele exotische Früchte (denken Sie nur an frische Litschis!) erfüllen diese Kriterien.*
- *Schokolade gilt zwar als Aphrodisiakum, doch bevor sich Ihre Brave dem Mousse au Chocolat hingibt, das sie restlos befriedigt, wären Salzburger Nockerl die bessere Wahl: ein federleichtes Nichts aus Ei, das süß im Mund zergeht. Supersexy!*
- *Vorsicht bei den Getränken! Ein Aperitif und ein, zwei Gläser Wein zum Essen sind genug. Verzichten Sie auf harte Getränke zum Schluss! Servieren Sie Ihrer Braven lieber zu Hause einen Cocktail mit kubanischem Rum, viel Zucker und Fruchtsaft! Oder tatsächlich einen Liebestrank mit berühmten und eher geheimen aphrodisierenden Zutaten …*

Ein Essen in einer schönen Umgebung ohne Gedanken an spätere Aufräumaktionen in der Küche hat natürlich viele Vorzüge, aber einen gravierenden Nachteil: Sie kommen vielleicht erst dann im Bett an, wenn die Wirkung des Alkohols und der Gewürze bereits verflogen ist. Zu Hause können Sie außerdem noch etwas beachten: Die optische Aufmachung darf weitaus sexueller ausfallen als in einem Restaurant, selbst wenn dieses für seine «Banana Lukullus» in aller Munde ist. Machen Sie sich doch den Spaß und verzaubern Sie Ihr Menü in eine Augenweide mit erotischen Anspielungen – allerdings ohne zu übertreiben oder allzu offensichtlich zu werden! Mit einer Cocktailkirsche kann man schnell eine Brustwarze imitieren, manche Früchte sind schon von vorneherein höchst erotisch, Cremes und Saucen fließen gern aus muschiähnlichen Gebilden … Verführen Sie Ihre Brave zu einem Fest der Sinne!

Und denken Sie rechtzeitig daran, dass sie nach dem wenig sättigenden Dinner und dem wilden Matratzenspiel einen gewaltigen Hunger entwickeln kann! Mit einem Mitternachtsimbiss oder einem Früh-Frühstück, das nun freilich deftig sein darf, bleiben Sie als fürsorglicher, toller Liebhaber in Erinnerung.

Das Maß aller Dinge – der Kuss

Einen ebenso erfahrenen wie guten Liebhaber erkennt man an seinem **Kuss**. Er legt nämlich mehr Wert auf sein Lippenspiel als auf das seiner Lenden. Nicht ohne Grund:

Im Allgemeinen sehen Männer, die ja möglichst schnell zum Ziel kommen wollen, im Kuss lediglich einen nicht unangenehmen, aber doch vernachlässigbaren Umweg. Das ist eine grobe Fehleinschätzung. Für Frauen bedeutet der Kuss viel, viel mehr als den Auftakt zur körperlichen Vereinigung. Er ist *das* Zeichen der Liebe. Deshalb divergiert die Wertung der moralischen Vergehen enorm bei Männern und Frauen, was den Kuss betrifft. Viele Frauen würden einen «Blowjob» harmloser ansehen als einen innigen Kuss, weil ein Kuss alles verrät und das eindeutigste Bekenntnis einer Zuneigung ist, die nach Intensität und Dauer verlangt. Besonders Frauen können schwerlich jemanden küssen, der ihnen unsympathisch ist, ohne einem unerträglichen Ekel anheim zu fallen, während sie relativ mühelos einer ungeliebten Person den tollsten Orgasmus vortäuschen. Das erklärt vielleicht, warum Prostituierte ihre Kunden nicht küssen. Bei einem intensiven Kuss erlebt eine Frau das Gefühl des Aufgehens und Verlorenseins in einem anderen Menschen stärker und vor allem länger als beim Orgasmus. Der Partner wird gespürt, gerochen, geschmeckt, angesehen, betastet und mit dem beweglichsten aller Muskeln in Stimmung gebracht.

Ein Kuss deutet Sex nicht nur an. Die Lippen und Zungen der Partner führen das aus, was diese mit dem ganzen Körper machen wollen. Zärtliche Erregung und fordernder Druck können so variiert werden, wie es beim eigentlichen Liebesakt oft nicht möglich ist. Und schließlich: Derart lange innig verbunden zu sein, Lippe auf Lippe, Brust an Brust, Arm in Arm, kommt außer beim Kuss nur noch in den fernöstlichen Liebestechniken vor. *Ein Kuss stellt den höchsten Anspruch an die Fähigkeiten des Verführers. Er zeigt in Kurzform alles, was der Liebhaber beim Sex und beim Umgang mit einer Frau zu bieten hat.* Das so genannte «erste Mal» prägt sich in das Gedächtnis einer Frau weitaus weniger stark ein als der schönste Kuss. Der bleibt bis an ihr Lebensende unvergesslich. In einem Kuss werden nämlich Hormone ausgeschüttet, der Kreislauf auf Hochtouren gebracht und nicht nur Körperflüssigkeiten ausgetauscht, sondern eine Vielzahl von biologischen und intimen Botschaften. (Rund um den Mund liegen jene Drüsen, die **Pheromone**, die berühmten Sexuallockstoffe, freisetzen. Unbewusst testen sich die Partner über den Geruch und können erkennen, inwiefern ihre Immunsysteme passen. Je verschiedener, desto besser, heisst es für Paarungswillige.) Das macht ihn zum Geheimnisträger, zum Sinnbild der Vertraulichkeit.

Wie küsst man gut?

Natürlich ist dies hauptsächlich eine Frage des Geschmacks – hier auch im wörtlichen Sinn. Was eine Frau als himmlisch zärtlichen Kuss schätzt, verwirft die andere als stümperhaftes Bubenbussi. Umgekehrt mag ein tiefer, feuchter Kuss Ihre Liebste einer Ohnmacht nahe bringen, während manch andere dabei Erstickungsängste und Phantasien von Haflingerzungen erleidet. Ein Kuss lässt eine Variationsbreite zu, die der des Geschlechtsverkehrs um nichts nachsteht. Der versierte Liebhaber zeigt sich in der Fähigkeit, schon beim ersten Kuss auf die besonderen Bedürfnisse seiner Partnerin einzugehen, denn in der Art zu küssen spiegeln sich durchaus andere sexuelle Vorlieben. Nehmen Sie den Kuss also zum Anlass, viel über Ihre Partnerin zu erfahren, bevor Sie Ihr wortlos verraten, was Sie noch alles können.

Wenn Sie Ihre Kusstechnik verbessern wollen, beachten Sie folgende Ratschläge:

- *Volle Lippen sagen nichts über die Qualität der Küsse aus. «Lucky lips» können sehr schmal sein, aber weich sollten sie sich anfühlen. Pflegen Sie sie!*
- *Die Zähne spielen eine wesentliche Rolle beim Küssen. Unterschätzen Sie niemals die Attraktivität eines perfekten «Zahnpasta-Lächelns»! Ihr Zahnarzt wird Ihnen helfen, doch eines müssen Sie wissen: Zahnkronen und ähnliche «Kunstwerke» fühlen sich beim Küssen besonders für den Partner seltsam hart und fremd an. Die Zunge ist hoch sensibel und verrät dem Gehirn alles über den Zustand Ihres Mundes. Geben Sie sich hier keine Blöße! Sie werden doch nicht erwarten, dass Ihre Partnerin ihre Zunge freiwillig in einen Komposthaufen steckt!*
- *Auch wenn es Ihnen übertrieben erscheint, pflegen Sie Ihre Zunge! Bürsten Sie sie beim Zähneputzen mit! Sie ist meist mitverantwortlich für Mundgeruch. Überdies fühlen sich die Zungen von Rauchern rau und derb an, worauf brave Mädchen nur in ihren Träumen vom Marlboro-Man abfahren.*
- *Wenn Sie's schon lieber auf die harte Tour wollen und keine Lust haben, nach bravem Bubi beim Gute-Nacht-Kuss zu schmecken, dann kauen Sie wenigstens einen zuckerfreien Kaugummi und nehmen dann einen Schluck schottischen Single Malt! Riecht verdammt gut …*
- *Bartstoppeln können derart pieksen, dass einem die Lust vergeht. Daher entweder glatt oder älter als drei Tage!*
- *Nehmen Sie Ihre Partnerin fest in die Arme, geben Sie ihr Sicherheit, ohne ihr Atemnot zu bescheren! Eine Hand im Nacken kann diesen sanft massieren, dabei werden wichtige Punkte stimuliert, die Lust und Behaglichkeit erzeugen.*

- *Fangen Sie zärtlich an! Küssen Sie zuerst mit wenig geöffneten Lippen den Mund Ihrer Partnerin, dann vielleicht die Mundwinkel, die Oberlippe, bevor Sie weiter vordringen. Wühlen Sie nicht sofort mit der ganzen Zunge im Mund Ihrer Liebsten herum, sondern spielen Sie mit der Zungenspitze! Lassen Sie Ihre Zunge fest und kräftig erscheinen, nicht wie ein lasches Läppchen!*
- *Geben Sie auch Ihrer Partnerin die Chance, aktiv zu werden! Halten Sie inne und genießen Sie die Zunge Ihrer Liebsten, ohne gleich daran zu saugen oder ihr mit der eigenen Zunge entgegenzudrängen!*
- *Dosieren Sie den Speichelfluss richtig! (Schlucken stört keinen Kuss!) Feucht, glitschig ist richtig, triefend nass wirkt gerade bei Braven abstoßend ordinär.*
- *Sie dürfen mit der Zunge nicht allzu tief eindringen, das löst Beklemmungen aus. Achten Sie auf die Signale Ihrer Partnerin, nehmen Sie auch einen leisen Rückzug ernst!*
- *Bei einer Braven halten Sie die Augen lieber geschlossen, sonst fühlt sie sich vielleicht kontrolliert! Es erleichtert die Hingabe, wenn beide Partner zu träumen scheinen.*
- *Treiben Sie «Zungensex»! Stoßen, reiben und drehen Sie die Zunge Ihrer Partnerin mit Ihrer eigenen!*
- *Variieren Sie zwischen «normalen» und Zungenküssen, zwischen gehauchten, fast gebissenen, flachen, tiefen, trockenen, feuchten, drängenden, «offenen», ...!*
- *Schenken Sie der Oberlippe besondere Aufmerksamkeit! Nehmen Sie sie zwischen Ihre Lippen, küssen Sie den oberen Rand oder massieren Sie mit der Zunge den unteren Teil und das Lippenbändchen. Nach tantrischer Lehre nehmen Sie so direkten Kontakt zur Klitoris auf.*
- *Saugen Sie den Duft der Partnerin offenkundig ein! Lassen Sie sie bei wilden Küssen spüren, dass Sie sie am liebsten «fressen» würden, ohne sie zu erschrecken!*
- *Schließen Sie eine Kusszeremonie nicht mit einem Küsschen auf die Nasenspitze oder die Stirn! Das eine wirkt kindisch, das andere segnend! Wenn schon, dann auf die Wangen!*

Küssen lassen sich freilich alle Körperteile. Manche davon sind für zärtliche oder wilde Küsse ganz besonders empfänglich. Leider glauben viele Männer noch immer, dass eine Frau durch Ohrenküsse zum Orgasmus gebracht werden könnte. Sie dürfen sich das Geschlecke und vergebliche Stoßen sparen! Das bringt nichts – außer Speichel ins Ohr! Zärtliche Küsse ja, und natürlich alles, was sie gerne hören will!

Frauen lieben es, an Hals und Nacken geküsst zu werden. Aber auch für alle anderen Regionen, wo viele Nerven und Blutgefäße für hohe Empfindlichkeit sorgen, sind Küsse angebracht, z. B.

Arm- und Kniebeuge, inneres Handgelenk, Finger- und Fußspitzen …

Wenn Sie von der Brust, die natürlich neben dem Mund die Zentralstelle für orale Zärtlichkeiten ist, küssend abwärts wandern, ist die Zone zwischen Nabel und Schamfuge hoch empfindlich. Hier zeigt sich oft, wie weit Sie gehen dürfen. Schenken Sie ihr spezielle Aufmerksamkeit!

Küsse, die überleiten zum Oralverkehr, sollten von weit außen nach innen führen, d. h. an den Innenschenkeln beginnen, die Vulva verhätscheln, die Klitoris nur umrunden, nicht direkt erfassen, und vor allem: ebenfalls variantenreich sein! Erst dann geht's zur eigentlichen «Sache» (s. Oralverkehr).

Ein Knutschfleck mag als Symbol wilden Begehrens Trophäencharakter haben. Führen Sie ihn aber trotzdem nicht in dieser Absicht herbei, weil sie damit einer Braven keinen Gefallen tun, die sich vielleicht später dafür geniert! Schon gar nicht am Hals, wo er sich nur schwer verbergen lässt …

Küssen Sie öfter, als Ihnen vielleicht danach ist! An Ihren Küssen wird Ihre Partnerin nämlich den Grad Ihrer Verliebtheit messen. Mit der Zeit bleibt ja meist nichts anderes übrig als das spitzlippige Gute-Nacht-Küsschen, und so könnten Sie doch ein wenig vorbeugen.

Goldene Hände

Sobald es um den ersten Eindruck geht, legen Frauen bekanntlich großen Wert auf das Erscheinungsbild der männlichen Hände. Sie wollen nicht nur wissen, ob ein Ring eine eheliche Bindung verrät, sondern wie solche Hände ihren Körper anfassen. Ein Makel, der an einer anderen Körperstelle vielleicht wenig Aufmerksamkeit erregen würde, kann bei Ihren Händen verhängnisvoll wirken, z. B. ein Ausschlag, ein «Wolfspelz» oder nur mangelnde Nagelpflege. An der natürlichen Form Ihrer Hände haben Sie wenig Gestaltungsmöglichkeiten, aber Sie erhöhen ihre Attraktivität durch Training (Durchaus! Mit Klammern zum Quetschen und anderen Geräten lassen sich lasche Patschhände sehniger und muskulöser machen.) und Pflege bedeutend. Es ist auch gar nicht gesagt, dass Frauen feingliedrige «Pianistenhände» bevorzugen, viele schätzen breite, starke Hände weit mehr. Hände sind ebenso verräterisch wie verführerisch. Sie stellen die besten Werkzeuge eines perfekten Liebhabers dar und haben tatsächlich einen höheren Stellenwert als sein eigentliches «Liebesorgan», weil sie maßgeblich die sexuelle Erregung steuern und nicht nur im Notfall für den Penis einspringen.

Um eine Brave in Fahrt zu bringen, muss das Spiel Ihrer Hände wie beim Kuss zwischen zärtlich und fordernd pendeln. Die Grenzen liegen zwischen einer derart feinen Berührung, dass gerade noch die Spitzen der Härchen auf der Haut gestreift werden, und erotischen Schlägen und Kratzern, die die Haut verletzen. Das ist ein gewaltiges Spektrum. Nützen Sie es und lernen Sie, Ihre Hände als die idealen Waffen der Verführung zu gebrauchen! Wenn Sie eine Frau bis zum Orgasmus gestreichelt haben, wird sie Sie allein schon wegen Ihrer Hände lieben und bei einer leisen Berührung mit den Fingern erotische Gedanken hegen! Die Zärtlichkeit, nach denen sich Frauen sehnen, liegt also in Ihren Händen.

Streicheln

heißt nicht einfach mit einer Hand auf dem Körper auf- und abfahren. Versuchen Sie einmal, wenn Ihre Partnerin nackt vor Ihnen liegt, den Druck Ihrer Hände so weit zu reduzieren, dass sie nur noch in einem Abstand von ein, zwei Millimetern über der Haut gleiten! Das erzeugt ein fast elektrisierendes, prickelndes Gefühl bei beiden Partnern und zeigt ihnen, wie sensibel die Nerven reagieren.

Weder die Vorderseite der Schenkel noch die Schultern, die ja viel aushalten müssen, sind besonders erogene Zonen. Wenn schon, dann streicheln Sie die Innenseite der Schenkel und Arme und die Achseln! Ein Zeichen großer Zärtlichkeit ist das Streicheln des Gesichts und bleibt oft der Kosmetikerin oder einem Arzt vorbehalten, weil die Partner es schlicht vergessen. Natürlich können Sie die Haut Ihrer Liebsten mit Hilfe von Federn oder Pinseln erotisch aufladen, und ein hingebungsvolles Bürsten der Haare wirkt äußerst anregend, aber zuvor sollten Sie sich darin vertiefen, wie sich zum Beispiel Ihre Handflächen auf denen Ihrer Partnerin anfühlen und was Sie tatsächlich mit Ihren Händen machen können. Stellen Sie sich vor, Sie hätten heilende Hände, und legen Sie sie auf schmerzende Stellen Ihrer Partnerin! Berühren Sie sie auch im Alltag so oft wie möglich mit Gesten der Zärtlichkeit! Streichen Sie Ihr übers Haar oder den Po, wenn Sie in der Küche hantiert, oder liebkosen Sie mit den Fingern ihre inneren Handgelenke oder die Seiten jedes einzelnen Fingers, wenn Sie irgendwo in der Öffentlichkeit sind! Die Bravste schmilzt dahin, sobald Sie ihr eine Wimper aus dem Gesicht streifen …

Bestes Hilfsmittel: Ein umgedrehter Pelzhandschuh.

Massieren

wird schon mit wesentlich mehr Druck ausgeübt und kann in den unterschiedlichsten Techniken ausgeführt werden. Gute Literatur zu diesem Thema wäre sehr hilfreich, auch wenn Sie wenig Geduld haben. Für die rein spielerische Massage ohne therapeutische Wirkung brauchen Sie keine besonderen Kenntnisse, Sie dürfen eben nicht wirklich fest zupacken.

Am besten lassen Sie Ihre Partnerin auf einem großen Handtuch im Bett entspannt hinlegen. Zünden Sie Kerzen an, die den Raum zusätzlich wärmen, achten Sie selbst auf warme Hände und träufeln Sie vorgewärmtes Massageöl (besonders gut mit Vanille- oder Orangenaroma verfeinert) auf den Körper! Streicheln Sie mit beiden Händen, an den Schultern beginnend, die Haut, reiben Sie mit den Fingern Kreise, und drücken Sie mit dem Daumen leicht nach, bevor Sie stärker zu schieben beginnen! Sie gehen nicht falsch, wenn Sie sich dazu denken, sie müssten einen feinen Teig geschmeidig kneten! Dehnen Sie die Massage über Arme und Beine bis in die Fingerspitzen und Zehen aus, und lassen Sie sich mit jedem Teil viel Zeit! (Öl warm stellen!) Schenken Sie gewissen Punkten, die in den asiatischen Lehren als Lustspender beschrieben sind, besondere Aufmerksamkeit, zumindest jenen, an die Sie ihre Partnerin heranlässt! Und widmen Sie sich erst zum Schluss ausgiebig den Innenschenkeln und dem Po, damit die erotische Absicht nicht im Vordergund steht, und die Erregung der Partnerin weit fortgeschritten ist! Auch für die Massage gilt, dass Sie sie oft, wenigstens in Teilen (zum Beispiel Kopf, Nacken oder Füße) anwenden sollen.

Kitzeln

zählt zu den ersten Erfahrungen, die man mit **Angst-Lust** *macht. Gerade jene Körperstellen, die leicht verwundbar sind, reagieren hoch empfindlich auf Kitzelattacken, was einige Wissenschafter zu der Theorie bewogen hat, im Kitzeln eine Art Abhärtungstraining schon für den Steinzeitsäugling zu sehen. Kitzeln bringt uns nicht nur zum Lachen, es schenkt uns tatsächlich erotische Gefühle, die so weit gehen können, dass in vorigen Jahrhunderten regelrechte «Kitzel-Sekten» entstanden oder feine Damen eigene «Fußkitzler» beschäftigten.*

Wie auch immer, ein Liebhaber, der mit den feinen Nerven der Partnerin angenehm-spielerisch umgehen kann, ist sicher gefragt. Gute Ansatzpunkte sind neben den Fußsohlen die Innenflächen der Hände und Handgelenke, die Schlüsselbeingrübchen, Achseln und Kniekehlen. Naja, und dreimal dürfen Sie raten, wie die Klitoris zu ihrem deutschen Namen gekommen ist ... Folgende Zusatzinstrumente haben sich schon oft be-

währt: Pinsel (Schmink- oder Aquarellpinsel, für Spezialisten ein Eichhörnchenschwanz), Federn (gleich aus dem Daunenkissen gezupft oder in Form einer Federboa; verschonen Sie Papagei und Staubwedel!) und zarte Blumen (das alte Hippie-Wiesenspiel ...)

Schlagen

hat hier noch nicht die Bedeutung von Züchtigung, wie sie bei S/M-Praktiken gebräuchlich ist. Leichte Schläge oder gar nur das Klopfen mit den Fingerkuppen auf der Haut wirken sehr erotisch, darum sind kleine Balgereien ein gutes Vorspiel.

Allerdings gibt es eine absolute Tabuzone: Kopf und Gesicht. Hier empfindet man die netteste Berührung, die über ein Fingerspitzenklopfen hinausgeht, als Gefahr und Verletzung der Würde. Keine Scherze in dieser Richtung! Lassen Sie auch die Schläge auf den Po nicht zu fest ausfallen, nur weil Sie den Psychologen glauben, die behaupten, Frauen würde das Potätscheln ein Gefühl von Sicherheit vermitteln. Aber viele Brave sind tatsächlich verrückt nach einem «good spanking».

Kratzen

schätzen Frauen im Allgemeinen nicht besonders, da ihre Haut empfindlicher ist als die eines Mannes, außerdem laufen sie weniger gern mit den Zeichen einer wilden Nacht herum.

Das sollte Sie aber nicht daran hindern, Ihrer Partnerin mit den Fingernägeln über die Haut zu fahren. Zu Beginn vielleicht einmal nur mit einem Finger, dann erst mit mehreren. Führen Sie lange Linien von der Fußsohle weg bis über den Scheitel, alle Finger entlang, an den Innenseiten der Arme, die Achsel hinunter, in vielen Bahnen über Rücken und Bauch, um den Busen herum, über die Kehle, bis Sie wieder bei den Zehen sind! Variieren Sie den Druck, z. B. stärker auf der Kopfhaut und am Rücken, minimal am Handgelenk. Als künstlerische Variante könnten Sie einen ganzen Liebesbrief mit dem Fingernagel oder einem farblosen Stift auf das Gesäß Ihrer Partnerin schreiben.

Die Meisterprüfung haben Sie aber erst bestanden, wenn Sie eine Frau allein mit Ihren Händen ohne Hilfe Ihrer Zunge oder anderer Instrumente zum Höhepunkt (nicht nur zum Hecheln!) bringen. Dazu ist ein ausgezeichnetes Fingerspitzengefühl für die individuellen Wünsche der Partnerin nötig, und ein guter Liebhaber müsste ohne das beliebte Fragespiel «Gefällt dir das?» auskommen. Ein paar Grundregeln gibt es freilich:

ⓘ *Streicheln, massieren, kneten Sie alles – bis auf die Spitze der Klitoris. Die beachten Sie anfangs am besten gar nicht oder schenken ihr höchstens ein zartes Fingerklopfen.*

ⓘ *Widmen Sie sich mit viel Geduld dem Venushügel, den Schamlippen und dem Damm, bevor Sie tiefer eindringen!*

ⓘ *Vergessen Sie den Busen auch nach dem Vorspiel nicht!*

ⓘ *Massieren Sie nur die Unterseite der Klitoris! Lassen Sie sich so lange Zeit mit dem Weitervortasten, bis Ihre Partnerin Sie inständig darum bittet! Dann tauchen Sie mit ein oder zwei Fingern in die Vagina ein, krümmen die Finger und machen eine Lockbewegung, so haben Sie mit großer Wahrscheinlichkeit den G-Punkt erreicht, den Sie nun zart bis kräftig reiben dürfen …*

ⓘ *Bei großer Erregung lechzt die Vagina danach, ausgefüllt zu werden. Tun Sie Ihr den Gefallen mit kreisenden Bewegungen und mehr als einem Finger!*

ⓘ *Lassen Sie Ihre Partnerin trotzdem so lange wie möglich «zappeln»! Imitieren Sie die Stöße des Penis nicht zu früh! Dann aber dürfen Sie ruhig heftig und schnell reiben …*

ⓘ *Sanfter Druck auf den After oder gar ein Finger ein, zwei Zentimeter darin steigern die Lust. (Feucht machen!)*

ⓘ *Trocken geht gar nichts. Geduld oder Gel, heißt die Devise.*

Körper-Beherrschung

Zu den Erfordernissen der Liebeskunst gehört ein Körper, auf den Sie sich verlassen können und der Ihren Befehlen so weit wie möglich gehorcht. Gut trainierte Arm-, Bein- und Bauchmuskeln sorgen dafür, dass Sie weder in der Missionarsstellung auf der Partnerin zusammenbrechen, noch auf andere Sexvarianten verzichten müssen, weil Sie das Gewicht der Liebsten nicht halten. Ein gehorsamer Schließmuskel lässt freundlich einen liebevollen Finger ein, aber böse Laute und Gerüche selbst beim heftigsten Liebesspiel nicht heraus. Die Zunge macht sich selbst unter Alkoholeinfluss nicht selbständig, usw. Es lohnt sich also, den Körper ordentlich zu schulen und in Schuss zu halten. Und obwohl es vielen Männern Spaß macht, ihren Körper regelmäßig einem Training zu unterziehen, denken die wenigsten daran, ihren Penis bzw. ihre PC-Muskeln «außertourlich» zu fordern, um eventuell mehr Stehvermögen zu erreichen. Freilich lässt sich einer vorzeitigen Ejakulation mit einem handbetonten Vorspiel begegnen, doch die meisten Menschen träumen von einem gemeinsamen Höhepunkt bei möglichst langer intimer Vereinigung. Da brave Mädchen mehr Zeit zum «Auftauen» brauchen, sollten Sie sich schon gut zurückhalten können. Greifen Sie bei Problemen auf die vielen Tricks zurück, die den Samenerguss kurzfristig verhindern, um so allmählich Herr über Ihren Penis zu werden! Dazu gehört vor allem, dass Sie lernen, welche Muskeln den Penis wie reagieren lassen, und wie Sie die Gesäßmuskeln entspannen. Techniken, die den Erguss stoppen, indem Druck auf bestimmte Regionen im Dammbereich ausgeübt wird, müssen Sie einfach ausprobieren. Nicht jede ist für Sie geeignet. Dasselbe gilt für die Zug- und Zupfmethoden, die meist den Hodensack betreffen. «Kegel»-Übungen zur Stärkung der PC-Muskeln sind durchaus sinnvoll, ebenso wie mentales Training. Oft hilft schon ein Kondom, das den Penis unempfindlicher macht und so zu größerer Ausdauer führt.

Sex und Phantasie

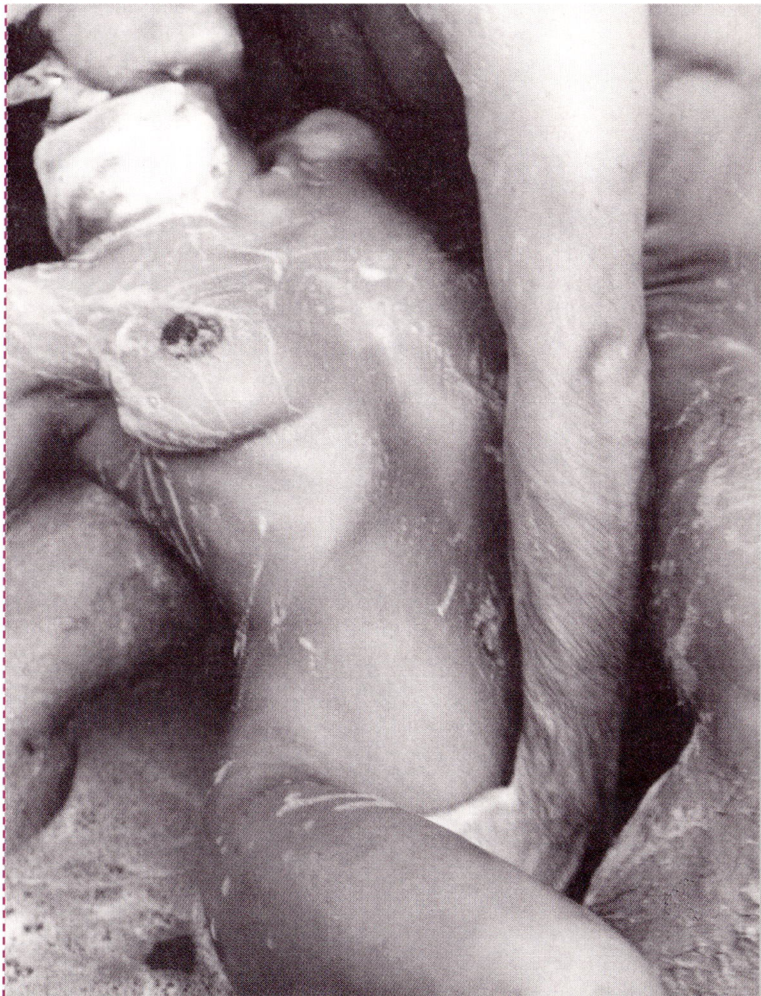

Die verteufelte Lust

Sicher sind Sie schon einmal über die Darstellung einer mittelalterlichen «Badestube» gestolpert und haben sich vielleicht gedacht: «Ei, war das lustig! Im gemeinsamen Zuber zu schmausen und zu schmusen, ringsum lauter Nackedeis und eine Magd, die einem den Rücken schrubbt ...» Heute dürfen Sie mit Ihrer Freundin zum Sonntagabend-Nacktbad in einen Wellness-Club, und wenn ein bisschen Sex dabei sein sollte, geht es in Richtung Swingertreff samt Schmuddel-Image. So einfach ist es eben nicht mit Paradiesvorstellungen und gesellschaftlichen Grenzen. Im Eifer, Ihre Brave endlich wild zu machen, können Sie schneller in Schwierigkeiten geraten, als Sie glauben. Zum Beispiel mit dem Gesetz. Denken Sie nur an Dinge wie «Erregung öffentlichen Ärgernisses», mit der Ihr romantisches Schäferstündchen in reiner Natur oder in der Umkleidekabine bezeichnet wird, oder daran, dass manche Aphrodisiaka unter den Begriff «Drogen» fallen, und dass Sie einige Erklärungen brauchen, sollte auf Ihren Videos ein Schoßhund in seiner frivolen ursprünglichen Bedeutung auftauchen ...

Trotz Internet und Über-Aufklärung leben wir in einer eher «sittenstrengen» Zeit, und Sie werden rasch merken, wie wild Sie eine Brave überhaupt machen dürfen. Eine neidische oder neugierige Nachbarschaft kann Ihren Bemühungen ein jähes Ende setzen, deshalb sollten Sie sie nicht extra provozieren und jeden Fortschritt in Sachen Verführung der Braven lautstark kundtun (Sie bläst! Sie ... Hurra!) Rechnen Sie lieber mit einer sexfeindlichen Umgebung, auch wenn Sie nebenan andere Töne aus dem Fernseher hören!

Wie sag ich's «ihr»?

Nun sind Sie glücklich so weit gekommen, dass alles passt, und jetzt fehlen Ihnen die Worte, denn schließlich müssen Sie Ihrer «Braven» mitteilen, was Sie von ihr wollen? Der direkte Weg ist genauso schlecht wie die Gebärdensprache. Es hat keinen Sinn, wenn Sie Ihrer Braven das Päckchen mit dem Schwestern-Outfit aufs Bett legen und ein «Na, das wünsch ich mir schon lange!» herausrattern oder nur kindisch grinsen. Machen Sie sich einige Tricks zunutze!

Spiele

Frauen lieben es, unterhalten zu werden, und Humor erleichtert vieles. Die guten Ratschläge diverser Experten in Sachen Sex, nämlich erotische Wünsche klar und direkt zu äußern, lassen sich nämlich mit einer braven Partnerin oft gar nicht in die Tat umsetzen. Für so eindeutige Befehle wie «Lick it!» müssten Sie schon der Kaiser von China sein oder eben der amerikanische Präsident.

Und da die meisten von uns im Bett nach einer Weile eine andere Sprache sprechen als im Büro (sollte man glauben), ist der Schritt zum kleinen Theaterspiel recht leicht. Lachen Sie nicht über den Vorschlag, ein Stofftier oder eine andere Figur als Mittler Ihrer sexuellen Wünsche zu verwenden! An Ihrer Stelle flüstert zum Beispiel ein Kasperl Ihrer Partnerin frech und ordinär ins Ohr, was für eine geile Muschi sie hätte, und was er damit anfangen würde ... Und dann tadeln Sie ihn! Oder Sie «kasperln» selbst herum und sagen inmitten der lustigsten Blödelei, wie Sie sich Ihre Partnerin unter dem Einfluss stärkerer Aphrodisiaka vorstellen. Ein harmloses Spielchen wäre es, dass Sie diverse Stofftiere auf dem Bett zu einer wilden Orgie arrangieren und den Hasen die Möhre missbrauchen lassen. Aber überzeugen Sie sich zuvor vom Humor Ihrer Partnerin!

Die Gunst des Augenblicks

Irgendwann ist jeder Mensch ungezwungener als sonst – unter ***Alkohol****, im Freudentaumel, in Ferienlaune usw. Die beste Gelegenheit bietet sich in einer Situation, die für beide Partner einen gewissen Ausnahmezustand darstellt und somit gleich die passende Entschuldigung für sexuelle «Entgleisungen» liefert.*

Alkoholeinfluss ist die einfachste Variante, am sichersten wirkt eine Kombination von Freude, Ferienlaune und ein Erfolgserlebnis (z. B. ein Riesenkompliment durch eine andere Person) aufseiten der Braven, wofür man ja vorsorgen kann ... Geben Sie sich betrunkener als Sie tatsächlich sind – und verraten Sie Ihre geheimen Wünsche! Aber Vorsicht: Wohl-

dosiert und in Form von «verrückten» Ideen oder Träumen. Und achten Sie darauf, dass Ihre Partnerin sich ebenfalls zu derlei Geständnissen hinreißen lässt! Sie dürfen keineswegs allein mit Ihren Wünschen dastehen! Beim geringsten Widerstand sollten Sie besser alles relativieren und lieber ein Delirium tremens mimen als weiter von Windelhosen und Schnullern schwärmen! Andererseits bewährt sich doch sehr oft die «Steinzeitmethode»: Überfallen Sie die Partnerin in einer Ausnahmesituation regelrecht! Grundbedingung: Vorspiel! Wilde Leidenschaft ist selbst für bravste Gemüter erregend, und dazwischengestreute Komplimente und Liebesschwüre geben die nötige Sicherheit. Ermutigen Sie die Partnerin, wenn Sie mitspielt und Eigeninitiative ergreift, selbst bei grässlichen Anfangsschwierigkeiten! Stoppen Sie die Partnerin nur im Notfall! Später sollten Sie aus dieser Ausnahmesituation einen Kult machen. Schwärmen Sie davon genauso, wie Sie sich über den «Exzess» wundern! Schreiben Sie die Schuld dem Getränk zu, und bauen Sie in Zukunft ein Eröffnungsritual daraus. «Ich hab gar nicht gewusst, dass mich ein ‹Planter's Punch› ausfällig werden lässt … Zum Wohl!»

Oder nützen Sie einfach den Augenblick, wenn Ihre Partnerin sich vor dem Spiegel betrachtet und sich schön findet! Legen Sie die Arme um sie und mischen Sie Ihre Komplimente mit den erotischen Wünschen!

Andere Mitteilungsarten

Erotische Wünsche in Form von E-Mails oder am Telefon der Partnerin zu übermitteln, kann durchaus reizvoll sein, hat aber den gravierenden Nachteil, dass man erst später auf diese Botschaft zurückkommen muss, wenn vielleicht die erregende Wirkung längst verflogen ist. Körperkontakt erweist sich meist als hilfreiche Stütze besonders bei sehr heiklen Wünschen.

Wann spielt «sie» mit?

Die größte Schwierigkeit bei der Verführung einer braven Partnerin liegt darin, richtig zu unterscheiden zwischen Begeisterung, die aus tiefster Seele kommt, und gespielter Eigeninitiative, mit der Ihnen die Liebste einen Gefallen tut. Vielleicht verwöhnt Sie Ihre Partnerin mit einem **Blowjob** nach einem harten Tag, damit Sie sich entspannen können, ohne auch noch beim Sex hart arbeiten zu müssen? Das ist natürlich ein Gefallen, den Sie bedenkenlos annehmen dürfen. Aber wie kommen Sie erst so weit?

Verführung beinhaltet immer einen gewissen Lenkungsdruck, nehmen Sie aber Manipulation niemals wörtlich! Zu den erniedrigenden Erfahrungen der meisten Frauen zählt die Geste, wenn der Partner Ihren Kopf zu seinem Penis drückt. (Frauen, die freiwillig auf den «Geschmack» gekommen sind, haben nachher natürlich nichts mehr gegen Ihre Hände auf ihrem Kopf). Dass Ihre Partnerin Ihre Lüste teilen wird, erkennen Sie an folgenden Zeichen:

- *Nach den ersten Andeutungen spinnt sie Ihre erotischen Vorschläge verbal weiter und sucht mehr Körperkontakt.*
- *Der nächste Hinweis geht von ihr aus.*
- *Sie beginnt nicht nach psychologischen Erklärungen zu fahnden.*
- *Im besten Fall überrascht sie Sie mit erotischen Neuerungen.*
- *Sie drängt Sie nicht zu einer schnellen Ejakulation.*
- *Sie spricht nicht nur unmittelbar nach dem Sex, sondern auch noch am nächsten Tag positiv über Ihr gemeinsames Erlebnis.*
- *Die Alltagssprache wird erotischer, kleine Gesten zeugen von mehr Lust, Ihre Partnerin gibt sich generell etwas ungenierter und findet Gefallen an sexuell gefärbtem Humor.*
- *Ihre Partnerin übertreibt spielerisch mit dem Kult um Ihr gemeinsames erotisches Geheimnis. (In Wirklichkeit würde sie es am liebsten allen erzählen, zumindest ihrer besten Freundin.)*

Das sind die guten Zeichen. Schlecht hingegen steht es um Ihre Bemühungen, wenn sich folgende Dinge ereignen, die Ihnen zu denken geben sollten. Machen Sie keinesfalls Druck, kehren Sie lieber gleich auf sicheres Terrain zurück, denn es könnte im Ernstfall Ihre Beziehung kosten!

- *Ihre Partnerin steigt verbal auf Ihre Wünsche ein, gibt sich phantasievoller, als Sie erwartet haben, zieht aber bald alles ins Lächerliche. (Aufpassen auf Ironie, die Männer oft überhören!)*
- *Sie ist eifrig bei der Sache, bleibt jedoch im wahrsten Sinn kalt. (Busen, Hände und Zehen fühlen!)*
- *Im Bett geschieht zwar, wovon Sie träumen, doch in den nächsten Tagen verschlechtert sich die Laune Ihrer Partnerin.*
- *Sie entwickelt einen seltsamen Eifer beim Sex wie eine Musterschülerin, wirkt aber manchmal ausgesprochen aggressiv und kann ihren Unmut kaum verbergen, wenn Sie einmal länger zum Höhepunkt brauchen oder gar einen «Flop» erleiden.*
- *Sie haben zwar viel Sex, doch die Küsse und andere Zärtlichkeiten im Alltag nehmen rapid ab.*

Besonders eine brave Partnerin wird sich davor hüten, Ihnen direkt zu sagen, was ihr bei der ganzen Sache nicht gefällt. Sie lässt Sie meist so lange im Dunkeln tappen, bis sie zumindest in Gedanken die Beziehung schon beendet hat. Vergessen Sie nicht, dass jemand, der ohne echte Begeisterung mitspielt, also «nüchtern» das Treiben reflektiert, den völlig involvierten Partner abstoßend empfinden und dafür hassen kann! Versuchen Sie Ihre Brave auch beim Sex in Augenblicken zu erwischen, in denen sie sich unbeobachtet wähnt, und prüfen Sie, wie entspannt, liebevoll und fröhlich sie erscheint! Hören Sie lieber aus heiterem Himmel mit neuen Sexpraktiken auf – ohne große Erklärungen –, sobald Sie Zweifel an der aufrichtigen Lust Ihrer Partnerin hegen! Geben Sie ihr aber gerade dann nicht das Gefühl, dass sie das erotische Unternehmen zum Scheitern gebracht hat, sondern vermeiden Sie eine Diskussion und behaupten einfach, Sie hätten weit mehr Lustgefühle beim Kuschelsex. Erotische Fortschritte schmeicheln Ihrem Ego. Das führt leider oft dazu, dass Sie unfähig sind zu merken, wann Ihre Partnerin vom «Mitspielen» zum «Schauspielen» überwechselt, was sie auf Dauer in eine unglaubliche Einsamkeit und Frustration drängt. Bleiben Sie hellhörig, küssen Sie viel und verzichten Sie ab und zu auf den «Überkick»!

Es gibt viele sexuelle Varianten, für die Sie eine ganz andere Partnerin brauchen als wahrscheinlich Ihre «Brave». Verwechseln Sie «wild» nicht mit «geil auf alles», besonders wenn Ihre Vorstellungen in bizarre oder eben gemeinhin als «pervers» bezeichnete Richtungen gehen! Eine Frau, die sich von Ihnen zu «Natursektspielereien» verführen lässt, ist noch lange keine Kandidatin für andere Scherze rund ums «Töpfchen», und erwarten Sie ebenso wenig Begeisterung für all jene Praktiken, die höchstens einen Psychiater wirklich interessieren!

Tantra ist kein Spiel

Sobald man nur das Thema Sex streift, stolpert man unweigerlich über Begriffe wie **Tantra** und **Kamasutra** oder **Tao**. Und liebend gern wird mit den dreien wild herumjongliert, um das Bild zu kreieren vom geheimnisvollen, tief greifenden fernöstlichen Sex. Inzwischen werden wahrscheinlich schon im letzten Alpental «Hirsch-Übungsseminare» unter Gamskrickeln angeboten, und Tantra hat «Thai» bei den Sex-Annoncen längst abgelöst. Tantra ist die beste Ausrede, wenn zu viel

Alkohol oder ein zu genauer Blick auf die Partnerin dem armen Penis einen Sex-Marathon ohne Höhepunkt abverlangen, und eine «Swinger»-Feindin schleppt man eben zum Tantra-Seminar. Jeder scheint sich aus dem Tantrismus oder dem Tao das zu nehmen, was gerade für seinen Bildungsstand und dem seiner Umgebung reicht. Kein Wunder, dass im Schnitt lediglich die Beschreibungen einiger Sexstellungen übrig bleiben und kaum jemand den Umfang begreift, den diese östlichen Wissenschaften eigentlich haben.

«Tantra» gehört zu den Lehren indischer Mystik, die Eingang in die Heilkunde gefunden haben. Magisch-religiöse Praktiken und die Theorie von bestimmten Zentren, den **Chakren**, denen im Körper eine besondere Bedeutung zugeschrieben wird, befassen sich mit dem ganzen Menschen und seiner Stellung im Universum und sind keineswegs auf die Sexualität beschränkt. Ähnlich wie im Yoga werden die Chakren als Mittel des organischen Atemkreislaufs gesehen. Sie sind durch ein Kanalsystem verbunden und spiegeln auch die Angelpunkte des sinnlichen und subtilen Körpers. Über sie findet man die Übereinstimmung zwischen körperlichen Funktionen und den Naturelementen. Spezielle Atemübungen, eine eigene «Atemkontrolle», sorgen für eine einwandfreie Zirkulation des Atems und erhalten das seelische und physische Gleichgewicht. Sie beugen Krankheiten vor, schützen vor vorzeitigem Altern und können sogar den Herzschlag verlangsamen und den Sauerstoffverbrauch senken. Zusätzlich kommen zahlreiche Elixiere, Salben und Pillen zum Einsatz, die als eigentliches Ziel die ewige Jugend haben und daneben noch besondere Fähigkeiten und Kräfte hervorbringen. Tantrischer Sex soll zur mystischen Vereinigung zweier Personen beitragen, die beide vom Kräfteaustausch profitieren. Letzten Endes geht es aber nicht um höchste Befriedigung sexueller Begierden oder des Verschmelzungswunsches der beiden Partner, sondern um einen Weg zur Vollendung. Beraubt man das Tantra seiner religiösen, philosophischen und auch medizinischen Aspekte, wird man ihm wirklich nicht gerecht. Trotzdem muss man weder Wissenschaftler noch Buddhist sein, um einige lehrreiche Dinge aus dem Tantra in den westlichen Alltag zu übernehmen. Was den Sex betrifft, handelt es sich dabei unter anderem (!) um folgende Punkte:

- *Der Mensch wird beim Sex nicht auf seine Geschlechtsorgane reduziert. Man lernt auch die Körperfunktionen in einem größeren Zusammenhang zu sehen, findet sich in der Natur genauso eingebettet wie in einer geistigen Welt.*
- *Dem Körper wird mit weit mehr Respekt begegnet als bei uns. Er hat den Stellenwert eines Tempels oder Heiligtums.*
- *Entsprechend anders sind die Namen, speziell für die Geschlechtsteile, die sich liebevoll und schmückend präsentieren.*
- *Die intensive Beschäftigung mit dem Körper, seine Wahrnehmung mit allen Sinnen führt zu einem anderen Empfinden.*
- *Die Atemtechniken wirken sich tatsächlich auf den Körper aus und führen einerseits zur Entspannung, andererseits zu einer Erhöhung der Aufmerksamkeit und der Lust.*
- *Körperbeherrschung wird zur Basis für ein intensiveres Sexleben.*
- *Die Partner gehen viel zärtlicher und aufmerksamer miteinander um. Sex wird zum wechselseitigen Geschenk.*
- *Das Weglenken vom vordergründigen Befriedigungsziel entlastet angespannte Nerven und Gemüter.*
- *Sex wird zur (mystischen) Kunst.*

Dass Sex und Atmung in einem sehr engen Verhältnis stehen, merkt auch der Nicht-Tantriker, wenn er die weit geöffneten Nasenflügel seiner Partnerin beim Orgasmus sieht. Viele Frauen atmen sich in einen Höhepunkt «hinein». Und ein gemeinsames Interesse für Tantra hilft sicher zu einem vertrauteren Umgang miteinander – und zu mehr Sex. Bevor Sie jedoch irgendein Tantra-Seminar eines Pseudo-Gurus besuchen, haben Sie mehr davon, wenn Sie sich ein gutes Buch (keine Ausgabe für Schwachköpfe und Voyeure!) über Tantra zulegen und sich eventuell von einem Yoga-Lehrer die richtige Atmung beibringen lassen. Eine andere Möglichkeit, auch für jene, denen das «Tao» ans Herz gewachsen ist, wäre der Besuch eines Spezialisten für Akupunkt-Massage, wo Sie die Wirkung der Energieströme am eigenen Leib erfahren können. Denn eines ist sicher: Nur weil Sie beim Sex sitzen, Ihrer Partnerin tief in die Augen schauen, ein paar Mal den Duft der Räucherstäbchen durch das rechte Nasenloch ziehen lassen und sich den Orgasmus verkneifen, haben Sie noch lange keine Ahnung von Tantra. Aber Tao wie Tantra und damit auch **Karezza** erfüllen ein wichtiges Kriterium für den Umgang mit einer Braven: Sie bieten einen sehr behutsamen, zärtlichen Einstieg in die Welt der Erotik.

Man lernt den Partner ganz anders kennen, als wir das meinen, wenn wir von «kennen lernen» sprechen.

Es wäre natürlich grober Unfug, an dieser Stelle Tantra in Kurzform abzuhandeln. Noch dazu, wenn wir uns, trotz aller Offenheit und Begeisterung für östliche Lehren, doch sehr schwer tun mit zwei wesentlichen Dingen:

der Einsicht, dass Tao wie Tantra eine hohe Körperbeherrschung erfordern, die ausschließlich in langer (!), konsequenter Übung erreicht wird;

der Fähigkeit, richtig zu meditieren, Energien zu visualisieren und tatsächlich eine andere Bewusstseinsebene zu erlangen.

Sich vorzustellen, wie irgendeine Energie aufsteigt, ist leider Welten davon entfernt, was östliche Lehren voraussetzen.

Die meisten von uns scheitern doch schon daran, ein paar unterschiedliche Muskeln in der Genitalregion gefühlsmäßig überhaupt auszumachen. Und dann muss die Partnerin auch körperlich passen, was in allen Lehren ein wesentlicher Punkt ist.

Nichtsdestotrotz wären sowohl Tao wie auch Tantra ideal für den Umgang mit einer Braven. Das Zelebrieren des Aktes als (religiöses) Ritual, das Eingehen auf die Besonderheit des weiblichen Körpers (speziell des Orgasmus) und die Zurücknahme der männlichen Aggression bieten einer Braven vor allem eines: *genügend Zeit, sich wohl zu fühlen.* Ganz abgesehen davon, dass die körperlichen und geistigen Empfindungen, die auch bei Anfängern unerwartet intensiv sein können, Sex zu einem «Ausflug in höhere Sphären» werden lassen, was ja gerade einer Braven sehr gefallen dürfte.

Wie könnten Sie Ihrer Liebsten Lust auf östliche Liebespraktiken machen? Versuchen Sie als unorthodoxen Einstieg einmal Folgendes:

☆ *Vereinbaren Sie mit Ihrer Partnerin sexuelle Enthaltsamkeit über einen Zeitraum von etwa zwei Wochen!*

☆ *Versuchen Sie in dieser Zeit Ihrem Körper erhöhte Aufmerksamkeit und Pflege angedeihen zu lassen! Am besten wäre eine Fasten- oder zumindest rein vegetarische Kost.*

☆ *Planen Sie am Ende einen langen Nachmittag und Abend für das «Liebesritual»! Sorgen Sie für absolute Ungestörtheit!*

☆ *Präparieren Sie Schlaf-, Wohn- und Badezimmer, indem Sie viele Blumen ausstreuen, Duftschalen und Kerzen aufstellen, sanfte Instrumentalmusik (vielleicht sogar indische Klänge oder eben die üblichen «Soft-Flow»-CDs) und gegebenenfalls die Heizung* einschalten (angenehme Temperatur in allen Räumen!). Verteilen Sie auch Teller mit frischen und kandierten exotischen Früchten, Knabbereien aus Reis, besonderen Bonbons, Nelken, Kardamom, Vanille und Zimt! Lassen Sie es nicht an feinen Getränken fehlen (Alkohol in Grenzen!!!)!

- Halten Sie leichte Morgenmäntel (Kimonos aus Seide wären schön), warm gestelltes Massageöl und Handtücher bereit!
- Füllen Sie die Badewanne mit warmem Wasser und einem Schuss Mandelöl und (Kokos-)Milch! Streuen Sie Blumen auf die Oberfläche!
- Genießen Sie mit Ihrer Partnerin das Bad! Dabei setzen Sie sich so, dass ihr Kopf in Ihrem Schoß ruht und Sie sie sanft im Nacken streicheln können. Naschen und trinken Sie ein wenig! Beschränken Sie Ihr Gespräch auf minimale Aufforderungen! Nehmen Sie bewusst alle schönen Sinnesreize wahr!
- Nach dem Bad bitten Sie Ihre Partnerin, im Morgenmantel auf dem Boden Platz zu nehmen. Stellen Sie sich ab jetzt vor, dass Sie einer Göttin huldigen! Umringen Sie sie mit Blumen und Kerzen, während Sie leise ihre Schönheit in vielen Details preisen! Lassen Sie sich Zeit! Denken Sie daran, dass Sie sich mit der Göttin vereinigen wollen, um höchstes inneres Glück zu erlangen – und zu schenken! Machen Sie sich die Liebe bewusst, die Sie für Ihre Partnerin empfinden!
- Entkleiden Sie langsam sich und Ihre Liebste!
- Führen Sie Ihre Partnerin an einen Platz, wo Sie sie bequem in alle Sitz- und Liegepositionen bringen können, und beginnen Sie, den Körper Ihrer Partnerin vom Scheitel bis zur kleinen Zehe mit den Fingern sanft zu massieren! Träufeln Sie Öl auf den höchsten Punkt des Kopfes, und fahren Sie lange mit den Fingern durchs Haar Ihrer Liebsten! Streicheln Sie ihr Gesicht! Streifen Sie mit beiden Händen von unten ihren Nacken aus! Lassen Sie dem ganzen Körper sanfte Druck-, Klopf- und Zugbewegungen zukommen, aber widmen Sie sich noch nicht dem Genitalbereich! Erst wenn Sie sich von den Zehenspitzen wieder nach oben arbeiten, streichen Sie in harmonischem Fluss die Innenschenkel entlang über After und Schamlippen. Widmen Sie sich noch einmal dem Oberkörper, bevor Sie ganz bei der Genitalzone bleiben, und vergessen Sie nicht, Ihre Partnerin auch auf den Bauch zu drehen! Dehnen Sie ihren Körper, indem Sie sie sanft an den Armen hochziehen bzw. die Finger- und Zehenglieder ganz leicht strecken!
- Drücken Sie mit beiden Händen die äußeren Schamlippen zwischen den Fingern, indem Sie von der Klitoris weg nach unten wandern! Punkt für Punkt im Abstand von einer Fingerbreite! Massieren Sie Damm und After!
- Eigentlich müssten die Liebkosungen der Partner im Wechsel bzw. gleichzeitig erfolgen, doch zum Einstieg sollten Sie Ihrer Braven die passive Rolle zuteilen!
- Trocknen Sie Ihre Liebste mit Handtüchern ab!

Setzen Sie sich Ihrer Partnerin gegenüber und streicheln Sie sie! Schenken Sie ihr die schönsten verbalen Zärtlichkeiten! Atmen Sie den Duft Ihrer Partnerin ein! Konzentrieren Sie sich auf die Empfindungen, die sich wie Wärmeströme in Ihrem Körper anfühlen! Verfolgen Sie gedanklich deren Weg! (Das sollte Ihre Liebste auch tun!) Atmen Sie beide so tief mit dem Bauch ein, dass Sie das Gefühl haben, den Atemstrom aus dem Genitalbereich bis in den Kopf fließen zu lassen!

Spannen Sie beim Einatmen den Schließmuskel an und entspannen Sie ihn beim Ausatmen! Führen Sie zwei Finger leicht in die Scheide Ihrer Partnerin ein und bitten Sie sie, beim Einatmen Ihre Finger mit Hilfe des **PC-Muskels** *zu umklammern!*

Ziehen Sie Ihre Gefährtin auf Ihren Schoß! Versuchen Sie mit Hilfe von Kissen im Sitzen zu bleiben, Angesicht zu Angesicht! Keine Stoßbewegungen! Atmen Sie wie zuvor und achten Sie auf die feinsten Empfindungen in Ihrem Körper! Stellen Sie sich vor, dass Ihre Liebe auf Ihre Partnerin übertragen wird, während Sie deren Liebe empfangen! Nach einem Zeitraum vollkommener Ruhe kann Ihre Partnerin beginnen, mit dem PC-Muskel Ihren Penis sanft zu massieren (so wie sie es eben kann).

Für Sie gilt, dass Sie nun eine Stellung wählen sollten, in der es Ihnen am ehesten gelingt, Ihre Ejakulation zurückzuhalten. Wenn Sie nicht wissen, welchen Punkt Sie im Dammbereich drücken müssen, um den «Point of no Return» zu vermeiden, versuchen Sie einfach, Ihre Gesäßmuskeln rechtzeitig zu entspannen!

Verwöhnen Sie Ihre Partnerin mit einem Rhythmus aus vielen flachen und wenigen tiefen Stößen (klassisches Verhältnis 9:1), den Sie allmählich ins Gegenteil wandeln!

Bleiben Sie standhaft, wenn Ihre Liebste augenscheinlich den Höhepunkt erreicht, und halten Sie durch, bis sie nach einer extrem feuchten Phase, die Sie normalerweise als Ende betrachten würden, über weitere kleinere Gipfel dort anlangt, wo sie die tiefste Befriedigung erfüllt! Versuchen Sie es wenigstens!

Schließen Sie das Ritual mit körperlichen und verbalen Zärtlichkeiten und schmiegen Sie sich in der «Löffelstellung» aneinander, wenn Sie sich erholen! Legen Sie eine Blume auf den Schoß Ihrer Liebsten, bevor Sie das Ritual beenden.

Ein großer Fehler liegt darin, zu hohe Erwartungen gleich an den Beginn zu setzen. Vergessen Sie bitte die Idee, durch ausgefallene Stellungen, für die diese Lehren berühmt sind, einen orgasmischen Supergau zu provozieren! Und verabschieden Sie sich von dem Gedanken, sich und Ihre Partnerin durch ein bisschen Atmen und Phantasieren in den Zustand der Erleuchtung zu manövrieren. Das geht mit Sicherheit schief. Für alle, die's nicht glauben wollen, eben doch ein paar der bekanntesten Sex-Positionen aus dem *Ananga Ranga:*

☆ *«Affe»: Setzen Sie sich auf Ihre Unterschenkel, während Ihre Partnerin auf Ihrem Schoß Platz nimmt! Führen Sie Ihren Penis in ihre Scheide ein! Fassen Sie Ihre Liebste unter ihren Knien hindurch, bis ihr Gewicht auf Ihren Ellenbogen ruht, und heben Sie sie hoch! Bewegen Sie sie vor und zurück – langsam zum Höhepunkt hin!*

Meinen Sie nicht, dass Sie dafür etwas Übung brauchen?

☆ *«Doppelte Hemisphäre»: Hier liegen die beiden Partner seitlich ausgestreckt. Der Penis dringt von hinten in die Scheide ein. Nun liebt sich das Paar, ohne sich zu bewegen oder die Stellung zu verändern. Ohne gut trainierte PC-Muskeln und die Fähigkeit, Atem und innere Energieströme zu lenken, hat zumindest Ihre Partnerin keine Chance, einen Höhepunkt zu erleben. Und anstelle eines indischen Liebesgottes begegnet ihr bestenfalls das Sandmännchen.*

Das «Tao» findet seinen Ursprung in einer chinesischen Geheimlehre, die wiederum die (irdische) Unsterblichkeit zum Ziel hatte. Wundermittel, Zauberlehren und medizinische Empfehlungen bilden den Kern dieser Überlieferungen, und Sex spielt erst dort eine Rolle, wo es um Ratschläge für das menschliche Zusammenleben geht, weil auch hier der ganzheitliche Gesichtspunkt im Vordergrund steht. Unter «Tao» fällt eine riesige Sammlung von Einzelwerken aus verschiedenen Jahrhunderten, daraus wird verständlich, dass man damit schlecht eine Anleitung für sexuelle Praktiken bezeichnen kann. Erotik wird nie losgelöst von anderen Aspekten des menschlichen Seins betrachtet, und daher vermischen sich in den Ratschlägen für ein erfülltes Sexleben sowohl medizinische, ernährungsphysiologische wie auch philosophische Theorien. Atemtechnik, Diät, Helio- und Bewegungstherapie und natürlich sexuelle Beherrschung sollen dem Körper wenn schon nicht die Unsterblichkeit, so doch wenigstens ein äußerst langes Leben garantieren. Der Körper spiegelt den Kosmos wider. In ihm laufen Energieströme in den so genannten «Meridianen», die im Gleichgewicht bleiben müssen. Der Mensch ist angewiesen, dieses Gleichgewicht zu respektieren, denn seine gesamte Existenz wird durch seine Stellung zwischen Himmel und Erde geregelt. Die «King-Gefäße», die ähnlich wie Flüsse und Bäche den Körper des Menschen durchziehen, bilden ein Kanalsystem, in dem sich Atem, Blut und die nährenden Elemente im ewigen Kreislauf bewegen. Das ist ein wichtiger Teil des theoretischen Wissens, das auch hinter den praktischen Ratschlägen für das Sexleben steht. Selbstverständlich wird niemand von einem Europäer, der sich mit den Liebeslehren des «Tao» beschäftigen möchte, ein profundes Wissen über die traditionelle chinesische Medizin verlangen, aber wenigstens eine Ahnung von der östlichen Sichtweise des menschlichen Lebens sollte man schon haben, bevor man mit den «Übungen» beginnt. Was der «Laie» aus dem «Tao» für sich gewinnen kann:

- *Eine andere Einstellung gegenüber der Sexualität.*
- *Eine Körpererfahrung, die ins Spirituelle reicht.*
- *Eine neue Empfindsamkeit, denn man lernt viele Punkte des Körpers kennen, die hoch sensibel reagieren und zu einer Aktivierung einer bestimmten Körperfunktion führen.*
- *Die Druck- und Massagetechniken, die sich an den klassischen Akupunkturpunkten orientieren, erhöhen nicht nur den Lustgewinn, sie können auch die allgemeine Gesundheit fördern.*
- *Die Wichtigkeit des richtigen Atmens dient der Entspannung und Konzentration. Das «Sich-Sammeln», der Zustand innerer Gelassenheit ist der Schlüssel zur (sexuellen) Erfüllung. Das können nicht nur Frauen mit* ***Orgasmusschwierigkeiten*** *bestätigen …*
- *Dem großen Unterschied im Verlauf zwischen männlichem und weiblichem Orgasmus wird mit einem «Stufenplan» Rechnung getragen, der keine Frau auf «halber Strecke» zurücklässt.*
- *Körperliche Übungen, die sich speziell den Muskeln im Bereich der Ausscheidungsorgane widmen, dienen nicht nur einer Optimierung des Lustspendens, sondern der Lebensverlängerung.*
- *Der eigentliche Geschlechtsverkehr entspricht einer wechselseitigen Reflexzonenmassage.*
- *Letztes Endes zeigt Tao, wie sich zwei Menschen in der körperlichen Liebe gegenseitig Gesundheit, höchste Erfüllung und ein langes Leben schenken.*
- *Der große Unterschied zum Westen: Energie wird nicht gedankenlos vergeudet, sondern bewusst gesteuert.*

Die Ähnlichkeiten in Tantra und Tao resultieren aus der wechselseitigen Beeinflussung indischer, griechischer, chinesischer und tibetanischer Lehren, die sich mit Medizin, Mystik und auch Alchemie befassen. Über den Buddhismus wurden die geistigen Ströme in Gang gehalten, und auch heute ist der Buddhismus hauptsächlich Träger der Faszination, die östliche Weisheiten auf uns ausüben. Ganz unkritisch darf man die Modeerscheinung allerdings nicht betrachten und etwa davon ausgehen, dass indische oder chinesische Ratschläge das Gelbe vom Ei für den perfekten Sex sind. Wenn dem so wäre, müssten nicht derart viele Tiger, Wale und Nashörner in Pulver- und Salbenform enden ... Und bei der Braven, die weder auf Havanna-Rum noch auf die besten Zauberkräuter mit ein bisschen Hemmungslosigkeit reagiert, können Sie sich auch die vielversprechenden chinesischen Pilze sparen. Wenn weder Sie noch Ihre Partnerin offen sind für oft sehr subtile Empfindungen und gleichzeitig hohe Erwartungen an den Tag legen, beschreiten Sie mit östlichen Methoden den falschen Weg. Genauso unsinnig erweist sich diesbezüglich eine übertriebene Romantik, die aus sehr irdischen Erlebnissen wahre Himmelsfahrten macht. Lesen Sie sich also in die Materie ein, damit Ihnen niemand etwas «vorzaubern» kann, bleiben Sie nüchtern, aber auch bereit, aus der eigenen Denk- und Erfahrungswelt auszubrechen und Neues anzuerkennen!

Das «Kamasutra» gilt als das Liebes- und Sexlehrbuch schlechthin. Sein Schöpfer, Mallanaga Vatsyayana, hat darin die Lehren aus brahmanischen Texten übernommen und erweitert. Die ursprünglichen Anleitungen und Anekdoten sollten Eheleute dazu bringen, die glückliche Verschmelzung zu finden, wie sie die Götter vorsahen. *Kama*, die «vollkommene Liebe», war das Ziel des *Sutra*, des «Leitfadens». Das Werk eröffnet neben der ausführlichen Schilderung aller erdenklichen Liebespraktiken – wofür es ja letzten Endes auf der ganzen Welt zum Klassiker wurde – einen Einblick in das Sozialleben Indiens. Vatsyayana plädiert für ein besseres Wissen der Frau über alle Aspekte der Liebe und Erotik, weil ihre Lust für ein glückliches Zusammenleben unbedingt notwendig sei. Um die höchste Sinnenfreude zu erreichen, darf man nicht einfach auf den Zufall bauen, sondern Männer wie Frauen brauchen eine theoretische Basis, eine Kenntnis über die Voraussetzungen des Kama und der Anwendung des Sutra. Die «Vierundsechzig Künste» als Grundbedingungen für die Liebesfähigkeit sollten nicht länger den Kurtisanen und Fürstentöchtern vorbehalten sein, sondern durch Freundinnen, Tanten oder ältere, erfahrenere Schwestern auch den Frauen der gehobenen Kasten zugänglich werden.

Darüber hinaus müssten die Männer ebenfalls mehr über Sex lernen als das, was sie an praktischen Erfahrungen sammeln, um zu einer größeren Empfindsamkeit und zum vollen Genuss aller sinnlicher Freuden zu gelangen. Der Autor weist darauf hin, dass die geschlechtliche Vereinigung in ihren vielfältigen Spielarten nichts Obzönes an sich hat und eine bessere Schulung in Theorie und Praxis die Natürlichkeit der körperlichen Liebe erkennen lassen würde.

Die Frauen erhalten in diesem Buch Vorschriften für die Kunst der Liebe, die vom Schminken und Parfümieren bis zur Ausschmückung des Gartens, vom Erlernen von Geheimsprachen, Musikinstrumenten, Tänzen und Umgangsformen bis zu Handarbeits- und Blumenbindetechniken reichen, ganz zu schweigen von den körperlichen Fertigkeiten zum Lustgewinn. Die Männer bekommen Empfehlungen, wie sie nicht nur ihren Körper, sondern auch Haus und Garten in eine vollkommene Form bringen.

Ausführlich wird beschrieben, wie luxuriös ein perfektes Heim auszusehen hat, welche Süßigkeiten, Schaukeln und Duftsalben bereit zu stehen haben, und welch schöne Dinge der Mann seiner Liebsten beim Mondenschein erzählen soll. Neben den zahlreichen Ratschlägen für die unterschiedlichsten Liebespositionen sind es vor allem die romantischen Schilderungen einer Liebesidylle, die den ungebrochenen Reiz des Kamasutra bewirken. Und kaum jemand kann sich der Faszination entziehen, die von den Bedingungen für eine ideale Partnerwahl ausgehen. Zuerst neigt man zum Schmunzeln, nach einer Weile findet man viele Dinge durchaus brauchbar. Für denjenigen, der eine Brave verführen möchte, ist das Kamasutra ein richtiger Schatz.

Nur ein paar Beispiele:

☆ *Die Anweisungen für den Mann, sich seiner jungfräulichen Braut zu nähern, lassen sich eigentlich nicht verbessern und sind immer aktuell. Sie legen Wert auf viel Zärtlichkeit und die richtige Sprache.*

☆ *Im Kamasutra muss der Mann dafür Sorge tragen, dass die Frau zum Höhepunkt kommt, denn dann ist sie fähig, dem Mann zur höchsten Befriedigung zu verhelfen. Guter Rat für die allzu Schnellen …*

☆ *Alle körperlichen Unzulänglichkeiten (wenn die Partner nicht zueinander passen) lassen sich durch Kunstgriffe wie spezielle Stellungen ausgleichen. Daneben wird auf die große Rolle der Unterschiede im sexuellen Temperament aufmerksam gemacht (was wir oft gar nicht wahrhaben wollen).*

☆ *Der Mann fungiert als liebevoller Lehrmeister, der sich umgekehrt von den Liebeskünsten seiner Frau überraschen und verwöhnen lässt (paradiesische Zeiten!). Das wäre bei einer Braven durchaus möglich.*

☆ *Die Beschreibungen regen einfach die Phantasie und zur Nachahmung an.*

Sogar in einer holprigen Übersetzung besticht das Kamasutra mit seiner märchenhaften, bilderreichen Sprache und eignet sich also bestens als gemeinsame Bettlektüre (bei ungleicher Lesegeschwindigkeit besser zwei Ausgaben besorgen, sonst vermiest die Ungeduld eines Partners die Stimmung!). Ein schön illustrierter Band regt natürlich doppelt an … Sobald man bei den Ratschlägen zur Erhöhung des sexuellen Empfindens mittels unterschiedlicher Stellungen angelangt ist, weiß man, weshalb das Kamasutra zum Synonym für akrobatische Liebesübungen geworden ist. Aber wer nimmt einen Dichter völlig ernst? Immerhin können doch auch die wenigsten mit den herrlichen Gärten aufwarten, die da vom idealen Liebhaber verlangt werden, ganz abgesehen von den Pomaden und Duftölen … Wie auch immer, Ihre Brave werden Sie leichter und gefahrloser mit dem – geschriebenen – Kamasutra in lustvolle Stimmung bringen als mit einem Video, das Sie nicht kennen. Mit dem nötigen Respekt für die Dichtung aus einem fernen Land und einer fernen Zeit wird das Kamasutra zu einem durchaus sinnvollen Liebesratgeber. Und solange Sie nicht besessen von der Idee sind, die Yoni Ihrer Partnerin der Elefantenkuh zuordnen zu müssen, haben Sie sicher viel Spaß …

(Ein-)Stellungssache

Da sich die «Bravheit» einer Partnerin meist darin äußert, dass sie bestenfalls von der Missionarsstellung zur Seitenlage überwechselt, und das oft nur zum Einschlafen, rätseln viele Männer über die Liebesposition, die Ihre Gefährtin so richtig auf Touren bringen könnte. Umgekehrt wird oft die Qualität eines Liebhabers an der Quantität seiner Sexvarianten gemessen. Die Kenntnis von zwanzig, neunundsechzig, neunundneunzig oder gar fünfhundert Stellungen nützt Ihnen aber herzlich wenig, wenn Sie Ihre Partnerin nicht einmal für die Grundelemente, aus denen die Variationen aufgebaut sind, begeistern dürfen. Die beiden größten Hindernisse, die Sie und Ihre Partnerin auf dem Weg zum freien Spiel überwinden müssen, sind der falsche Umgang mit dem *Oral- und Analverkehr*:

Für einen Mann hat das sexuelle «Lippenbekenntnis» seiner Partnerin fast den Charakter eines Statussymbols, auch wenn er nicht unbedingt allen Freunden von den *oralen Befriedigungskünsten* seiner Liebsten vorschwärmt. Aber kaum etwas anderes bestätigt einen Mann mehr in der Rolle des Geliebten. Die Rechnung ist ungefähr: Sie schluckt meinen Samen, folglich liebt sie mich mit Haut und Haar. Männer drängen nach dieser Form der Vereinigung, obwohl viele Frauen darin nichts anderes als eine ziemlich einseitige Angelegenheit und einen Liebesdienst sehen. Deswegen fällt auch die moralische Bewertung oft enorm unterschiedlich aus. Die einen halten es eben für den ultimativen Liebesbeweis, die anderen nicht einmal für Sex. Wobei Letzteres eher die weibliche Sicht ist (trotz prominenter männlicher Vertreter). Warum Frauen kein wirkliches Bedürfnis danach haben, ihrem Partner diese große Freude zu bereiten, und andererseits auch viele Hemmungen ablegen müssen, ehe sie einen **Cunnilingus** genießen können, liegt einfach daran, dass besonders brave Mädchen früh gelernt haben, welche Dinge man in den Mund nimmt und welche nicht. Eigentlich nur die wohlschmeckenden, oder? Und beim Vergleich mit einem Himbeereis schneiden weder Penis noch Vagina gut ab. Daran dürften selbst die romantischen Lobeshymnen aus dem Orient wenig ändern. Nicht einmal Veganer können wirklich mit einem «Süßholzstab«und einem «Honigtopf» aufwarten. Die Körperflüssigkeiten spiegeln in ihrem Geruch bis zu einem gewissen Grad die Ernährungsgewohnheiten wider. Vegetarier haben den Vorteil, eher nach «nichts» zu schmecken, solange sie sich von Spargel und Knoblauch fern halten. Sellerie ist allgemein als Geschmacksverbesserer der Sexsäfte bekannt. Besonders fein duften Obstfanatiker. (Wie wär's mit einer Mango-Ananas-Kur?) Ungünstig wirken sich auf den Körperduft alle Lebensmittel aus, die viel tierisches Fett enthalten, aber auch Kaffee und Nikotin. Und die Fleisch- oder Fischesser riechen und schmecken entsprechend strenger. Im Grunde genommen herrscht aber eine gewisse «Geschmacksneutralität» vor, solange die hygienischen Voraussetzungen stimmen. Trotzdem sollten Sie als Mann, der eine Brave verführen will, zuerst einmal daran denken, Ihre Partnerin zu verwöhnen, bevor Sie studieren, wie Sie Ihre Brave zur Fellatio bringen, denn eines sollte Ihnen klar sein: Bei der Fellatio sind Sie der Beglückte, nicht umgekehrt! (Ausnahmen gibt's klarerweise immer.) Also dann:

***Cunnilingus** ist das, was eine Brave wirklich wild werden lässt, wenn Sie sie davon überzeugen konnten, sich Ihnen – und speziell Ihrer Zunge – ganz hinzugeben. Das erfordert von einer Braven eine wahre Selbstaufgabe, ermöglicht ihr aber wie keine* andere Sextechnik, sich aller Hemmungen zu entledigen und in der eigenen Lust zu versinken. Erst wenn eine Brave ihren Körper so annimmt, dass sie ihre Vulva dem Partner wie einen (Sch)Leckerbissen präsentiert, und gleichzeitig dem Partner derart vertraut, dass sie vor seinen Augen (seinem Mund und seiner Nase!) zum Höhepunkt gelangen kann, ist sie fähig, ganz frei zu genießen. Unter der direkten Beobachtung des Partners, wie hier, gelingt es einer Frau kaum, einen Orgasmus vorzutäuschen (außer der Gute kennt die Signale nicht). Ein paar Hinweise für das Gelingen:

- Der Cunnilingus ist keine Technik für einen Quickie. Überraschen Sie also Ihre Partnerin zumindest beim ersten Mal nicht damit. Frisch gebadet ist eine Frau viel eher bereit, Ihnen ihre Muschi anzuvertrauen. Später dürfen Sie sich bestimmt auch an ihrem natürlichen Aroma erfreuen und spontan zum Oralsex kommen.
- Vielleicht können Sie Ihre Partnerin zu einer schönen Intim-Enthaarung verführen. Das verhindert nicht nur die lästigen Störenfriede im Mund, sondern macht auch die Haut Ihrer Gespielin empfänglicher für Zärtlichkeiten.
- Dem Cunnilingus sollte ein extra langes Streichelspiel vorangehen, damit die Partnerin sich richtig wohl fühlt.
- Lassen Sie Ihre Körperküsse langsam feuchter werden und in ein Lecken und Saugen übergehen, während Sie vom Nabel tiefer wandern oder die Innenschenkel aufwärts!
- Wählen Sie am Anfang eine Position, die Ihre Partnerin vielleicht nicht ganz so «offen» findet wie mit gespreizten Beinen auf dem Rücken! Zum Beispiel können Sie Ihrer Liebsten, wenn sie steht, auch sehr viel Freude zwischen den Beinen bereiten … Über Ihrem Gesicht wird Ihre Partnerin erst nach einiger Zeit sitzen, denn das erfordert mehr Lockerheit ihrerseits. Extratipp: Liebesschaukel. Gibt's zu kaufen.
- Sparen Sie nicht mit Komplimenten, die den angenehmen Duft und das verlockende Aussehen der Scheide betonen!
- Geben Sie sich «hungrig» nach ihr, auch wenn Sie eher neugierig sind!
- Lassen Sie sich viel Zeit, und legen Sie «Betrachtungspausen» ein!
- Küssen, lecken und saugen Sie an den Schamlippen bis zum Damm und sparen Sie den «Kopf» der Klitoris im späteren Stadium eher aus, dafür können Sie mit der Zunge den «Hals» entlang so tief wie möglich eindringen!
- Variieren Sie die Bewegungen Ihrer Lippen und der Zunge!
- Natürlich können Sie Ihre Hände zu Hilfe nehmen und nicht nur die Schenkel der Partnerin damit auseinander halten. Aber führen Sie einen oder zwei Finger erst ein, wenn Ihre Brave geradezu danach schreit …! Dann freilich reichen Ihre Finger vielleicht nicht mehr ganz aus, und ein Dildo oder Ihr Penis ist gefragt. Probieren Sie ebenfalls, während des Cunnilingus den Anus Ihrer Partnerin leicht zu massieren oder einen Finger ein wenig hineinzustecken, aber bewegen Sie ihn nicht allzu heftig!

- *Ein Vibrator leistet Ihnen hilfreiche Dienste, wenn Sie entweder die Vulva damit verwöhnen, während Sie an der Klitoris beschäftigt sind, oder Ihre Zunge mit seiner Unterstützung vibrieren lassen (Wenn Sie nicht genug Kraft haben, Ihre Partnerin zum Orgasmus zu summen!).*
- *Sagen Sie Ihrer Partnerin «danach», wie herrlich sie geschmeckt hat, und küssen Sie sie zum Beweis!*

Viele Frauen ziehen am Anfang den Kopf des Partners weg, weil sie sich nicht sicher fühlen, ob er oder sie das überhaupt wollen. In so einem Fall sollten Sie nicht sofort aufgeben, sondern Ihrer Partnerin zeigen, dass Sie ihr damit keineswegs einen unliebsamen Gefallen tun, sondern dass Sie ganz scharf darauf sind. Es darf auch nicht der «Wie du mir, so ich dir»-Gedanke offensichtlich werden, dann fürchtet nämlich die Brave eine entsprechende Gegenleistung. Hüten Sie sich also dringend davor, den Cunnilingus einfach in einen «Neunundsechziger» übergehen zu lassen! Die umgekehrte Reihenfolge ist allemal besser.

Fellatio ist keine erotische Selbstverständlichkeit. Alle Kulturen hatten früher oder später Probleme mit dieser Sexvariante, und ähnlich wie der Analverkehr ist sie auch in manchen zivilisierten Gegenden verboten. (Aber wer lässt sich schon in aller Öffentlichkeit «einen blasen» oder prahlt damit? Hm, hm ...) Für viele Brave läuft bei der Fellatio die Grenze zwischen «brav» und «verdorben», was aber noch lange nicht heißt, dass ein braver «Blasengel» schon wild ist. Fellatio ist das Gebiet, auf dem sich Brave wirklich profilieren können, denn hier gibt es viel zu lernen. Die Naturtalente sind nämlich auch unter den «Wilden» rar. Und welche Frau weiß denn von Anfang an, wie der Penis auf verschiedene orale Liebkosungen reagiert? Geben Sie also Ihrer Braven die Chance, ihren Hang zur Perfektion unter Beweis zu stellen und etwas «fürs Leben» zu lernen! Am besten, Sie stellen ihr ein schriftliches Zeugnis für besondere Glanzleistungen aus (Scherz!)... Da Sie diese Liebesvariante nicht ohne weiteres erhalten oder gar verlangen dürfen, müssen Sie sehr behutsam vorgehen und ein paar Dinge beachten:

- *Offerieren Sie Ihrer Braven nie den entblößten Penis allein, so stolz Sie auf ihn sein mögen, sondern den ganzen nackten Körper!*
- *Sie können ruhig die Aufmerksamkeit auf Ihr bestes Stück lenken, indem Sie nachfragen, ob es Ihre Partnerin schön und anziehend findet. (Frauen wissen um die angeblichen Unzulänglichkeitssorgen der Männer und haben nichts gegen derlei Fragen.)*

- *Machen Sie vor Erregung keine allzu hektischen Bewegungen, wenn Ihre Partnerin schon an der richtigen Stelle ist! Das könnte sie irritieren.*
- *Hände weg vom Kopf Ihrer Partnerin – außer zum sanften Kraulen!*
- *Leiten Sie Ihre Partnerin durch Zeichen und Laute Ihres Genusses weniger als durch eindeutige Aufforderungen!*
- *Verlangen Sie von ihr weder ausdrücklich, dass sie den Penis in den Mund nimmt, noch dass sie Ihr Sperma schluckt!*
- *Komplimente, Komplimente! Während und besonders nach der vollbrachten Liebesleistung!*

Wichtig ist, einer unerfahrenen Frau zu zeigen, wie sensibel vor allem Ihr Penis ist, auch wenn er in manchen Phasen nach einer eher derben Behandlung lechzt. Das größte Vergnügen für eine Frau, das auch zu einem Höhepunkt ihrerseits führen kann, besteht darin, Ihre Erregung unter ihren Liebkosungen zu sehen. Üben Sie sich also eher in der Zurückhaltung des Spermas als in der Ihrer Lustlaute! Brave Mädchen wollen Lob, Anerkennung und ein sichtbares Ergebnis Ihrer Bemühungen und halten leider wenig von «trockenen» Orgasmen Ihrerseits. Bevor sich Ihre Brave also einen Muskelkater, Kieferbruch oder wunde Lippen holt, sollten Sie Gnade walten lassen! Und nehmen Sie Rücksicht auf eine verschnupfte Partnerin, damit ihr nicht die Luft wegbleibt!

Analverkehr gehört eigentlich schon zu den Grenzbereichen der Erotik. Nicht nur die Verbindung mit der Homosexualität, sondern auch die Überwindung physischer (anders als die Vagina ist der Anus nicht für die Penetration gebaut) und psychischer Hindernisse machen es einer Frau nicht gerade leicht, sich mit dieser Sexvariante anzufreunden. Zwar schätzen viele Frauen einen Finger, Vibrator oder Dildo knapp im oder am «Hintereingang» während des Geschlechtsverkehrs, aber von dort ist es noch ein großer Schritt bis zur echten Aufnahme eines männlichen Gliedes. Psychische Hindernisse wie der Ekel vor Fäkalien oder die Gedanken an Verletzungen erschweren den Analverkehr sehr, da die völlige Entspannung als Grundvoraussetzung gilt. Noch dazu beherrscht eine «Brave» die Muskeln ihrer Vagina sicher besser als die ihres Afters, die sich gegen ein Eindringen heftig zur Wehr setzen, wenn sie nicht mit bewusster Steuerung darauf vorbereitet worden sind. Wenn Sie also davon überzeugt sind, Ihre Partnerin nur durch das «Rosettenvergnügen» zur wahren Sinneslust bringen zu können, sollten

Sie fairerweise Ihre unerfahrene Brave sehr behutsam (auch verbal) in die neue Variante einweisen.

Denken Sie an folgende Punkte:

- *Medizinisch gesehen ist diese Art des Geschlechtsverkehrs nicht empfehlenswert (erhöhte Verletzungs- und Infektionsgefahr).*
- *Geben Sie der Partnerin die Chance, sich mit einem Einlauf vorzubereiten. Sie fühlt sich dann viel besser.*
- *Kondome (extrastark) und Gleitmittel sind wirklich notwendig.*
- *Beginnen Sie mit einer Massage und dem vorsichtigen Einführen einer Fingerspitze und lassen Sie sich sehr(!) viel Zeit! Bis Ihre Partnerin tatsächlich so weit (wie zweideutig!) ist, Ihren Penis zu empfangen, kann es mehrere «Sitzungen» dauern.*
- *Wählen Sie die Position, in der Ihre Partnerin Ihren Finger, einen Vibrator usw. am ehesten in sich eindringen lässt. Das ist nicht zwangsläufig die «Hundestellung». Auch auf dem Rücken liegend oder in der Hocke könnte die Brave zur besseren Entspannung kommen.*
- *Hören Sie beim geringsten Schmerzzeichen Ihrer Partnerin sofort auf! Schmerzen und Blutungen sind kein «Anfängerübel», mit dem man einfach rechnen muss!*
- *Stoßen Sie nicht, sondern versuchen Sie sanft zu gleiten! Ruckartige Bewegungen können schnell schmerzhaft sein!*
- *Verwöhnen Sie – soweit wie möglich – mit den Fingern die Klitoris Ihrer Partnerin, oder ermutigen Sie sie, dies während des Verkehrs selbst zu tun. So erhöhen Sie die Chance, Ihrer Partnerin tatsächlich ein außergewöhnliches Vergnügen zu bereiten, um ein Vielfaches! – Zur Not können Sie ein festeres Kissen so platzieren, dass sich die Klitoris Ihrer Partnerin daran reibt, oder Sie geben ihr einen Vibrator «zur freien Verfügung». Nur durch den Analverkehr allein kommen die wenigsten Frauen zu einem Orgasmus.*
- *Nach dem Analverkehr hat Ihr Penis in ihrer Vagina nur nach einem Kondomwechsel etwas zu suchen! Infektionsgefahr!*

Es kann durchaus sein, dass Ihre Brave am Analsex richtig Gefallen findet. Dann nehmen Sie die Einladung ihrer zur Schau gestellten Kehrseite ruhig richtig an, und irren Sie sich nicht in den Öffnungen! Wer wild macht, muss auch dazu stehen! Sie sollten darüber hinaus wissen, dass manche Frauen diese Sexvariante zur Wahrung ihrer tatsächlichen Jungfernschaft oder zur Geburtenkontrolle einsetzen. Eine «Brave», die sich Ihnen vorne prüde präsentiert, empfängt Sie vielleicht gern an der Rückseite ...

Positionswechsel sollten immer fließend erfolgen, sonst führen Missverständnisse zu einem «Stellungskampf», der mit einem abrupten Lustabfall endet. Also wählen Sie Stellungen, die natürlich in eine andere übergehen können, ohne dass sich die Partner rasch voneinander lösen und eine völlig andere Haltung einnehmen müssen! Wer eine komplizierte Variante ausprobieren möchte, tut gut daran, seine Partnerin von vornherein in seine Pläne einzuweihen. Erklärungen und Anweisungen während des Vorspiels oder gar «mittendrin» haben eine destruktive Wirkung. Sexvarianten und ein Einfallsreichtum, mit dem ein Mann bei der körperlichen Liebe spontan auf neue Situationen reagiert, kennzeichnen einen exzellenten Verführer. Und wenn schon über Jahre die Partner gleich bleiben, sollte dies die Art des Sex nie. Ein Mann, der seiner Liebsten das Gefühl vermittelt, dass er in puncto Sex immer wieder mit einer Überraschung aufwarten kann, die das Herz der Partner erfreut, hat alle Trümpfe in der Hand. Bei über hundert Liebespositionen, zahllosen Rollenspielen und endlosen Ortsvarianten scheint Fadheit keinen Platz zu haben, und doch entpuppt sie sich als Hauptübel, gerade auch dann, wenn eine Frau scheinbar grundlos plötzlich «brav» wird. Viele Männer wechseln maximal vier Positionen und wagen sich an andere gar nicht heran, weil sie ja nichts ausprobieren, sondern sich als erfahrene Liebhaber präsentieren wollen. Sicher erfordern einige Stellungen Geschick, Kraft und Gelenkigkeit, andere sind nur mit einer entsprechend leichten oder biegsamen Partnerin durchführbar, und dann gibt es noch die, für die man eine Regieanleitung benötigen würde. Aber nicht im Beherrschen einer bestimmten Übung liegt der Reiz, sondern in der gemeinsamen Entdeckung. So wichtig Ihre Rolle als «Lehrmeister» bei einer Braven ist, so wenig müssen Sie den Spezialisten in allen Liebestechniken von West bis Ost darstellen. Fangen Sie mit Ihrer Partnerin bei den populärsten Stellungen an, widmen Sie einen Abend einmal einer einzigen exotischeren Übung, und lassen Sie sich dann mit Ihrer Partnerin mittels Buch, Film usw. zu anderen Varianten inspirieren! Zu den beliebtesten **Sexpositionen** gehören unter anderem:

✗ *Die Missionarsstellung: Sie sorgt durch den intensiven Blickkontakt, die innige Umarmung und die «Hingabehaltung» der Frau für einen unkomplizierten Weg zum Höhepunkt. Als Mann sollten Sie durch Gewichtsverlagerung, Geduld und «Nach-oben-Ziehen» des Gliedes bei der Rückbewegung die nötige Erregung der Klitoris verursachen, sonst gehen viele Frauen leer aus …*

✗ Seitlich können Sie in Ihre Partnerin von vorne oder hinten (Löffelstellung) eindringen. Diese Position bringt viel Nähe und bietet sich als Übergang vom Schlaf oder einer engen Umarmung an. Für Schwangere ist sie oft die ideale Variante. Eigentlich wäre die sexuelle Stimulanz für beide Partner optimal – und auch die «Leistungsaufteilung», aber richtig in Fahrt wird Ihre Brave dabei nicht geraten. Heben Sie oder Ihre Partnerin das obere Bein an, hat der Penis mehr Bewegungsfreiheit. Eine weitere Variante bietet die Seitlage mit beiden Beinen der Frau über den Oberschenkeln des Mannes (dabei ist die Frau in Rückenlage). So kann der Mann besser die Erregung der Partnerin beobachten und die Klitoris stimulieren, doch der Penis hat wenig Chancen, tief einzudringen.

✗ Die «erweiterte» Missionarsstellung bedeutet für die Partnerin, dass sie die Beine im Liegen hochnehmen muss, um sie möglichst auf den Schultern des Mannes zu platzieren. Damit dringt der Penis tiefer in die Vagina ein, die Klitoris wird gereizt, und angeblich beschert sie am ehesten Kindersegen. Ein Kissen unter dem Po der Partnerin hilft ihr, wenn sie weniger gelenkig ist. Vorsicht! Diese Stellung kann Ihrer Partnerin Schmerzen bereiten, wenn sie nicht entspannt genug und die Scheide zu wenig geöffnet ist.
Auch ein empfindlicher Nacken verleidet der Liebsten schnell das Spiel.

✗ A tergo (die Partnerin kehrt Ihnen den Rücken zu) – oder «von hinten», wie man's umgangssprachlich nennt – gelingt entweder im Stehen (sehr anstrengend bei Größendifferenz!), wenn Ihre Liebste sich an der Wand abstemmen (oder zum Beispiel am Waschbeckenrand festhalten) kann, oder in der «Tigerstellung« (die Partnerin auf allen Vieren, Sie auf den Knien). Letzteres kann man als ausgesprochen lustvolle Position für beide Partner betrachten. Frauen genießen die «animalische» Haltung, Männer können sich dabei selbst gut beobachten und kommen so auf Höchsttouren! Da die Frau den Partner nicht sieht, kann sie sich ihren erotischen Phantasien widmen, die dann manchmal in Richtung «unfreiwilliger Sex» oder «Sex mit einem Fremden» gehen. Das soll Sie als Mann nicht stören, schließlich schauen Sie in dieser Stellung vornehmlich auf Ihren Penis – und wer weiß, was Sie sich alles ausdenken ... Für Anbeter der weiblichen Hinterbacken eine Wonne; für Frauen, die dort ihre «Problemzone» sehen, leider oft nur im Dämmerlicht möglich – und so das halbe Vergnügen.

✗ Die Reiterstellung gibt es in unterschiedlichsten Variationen. Sie bedeutet, dass die Frau auf dem liegenden Mann sitzt oder hockt und durch ihre Bewegungen (auf-ab, kreisend, schiebend usw.) das Eindringen des Gliedes bestimmt. Eine ideale Position für eine Brave (sogar zur Entjungferung), die den Penis sicher an ihre Lustzentren steuert. Für den Mann gibt es einen schönen Anblick und weniger «Arbeit». Passen Sie auf, dass Ihre Beckenbewegungen nicht den Rhythmus der Partnerin stören! Sie können Ihre Tätigkeit ruhig auf das Streicheln und Massieren der Brüste beschränken! Aber stöhnen Sie ordentlich, und ziehen Sie Ihre Partnerin zu einem Kuss an Ihre Brust!

- Die **verkehrte Reiterstellung** (die Partnerin sitzt auf Ihnen und kehrt Ihnen den Rücken zu) sollten Sie nur einer leichtgewichtigen Partnerin mit einer schönen Kehrseite empfehlen. Auch sie müsste hocken anstatt zu sitzen und sich mit den Händen auf Ihren Schenkeln abstützen, um mit dem Heben und Senken ihres Beckens die Stoßtiefe und -geschwindigkeit zu regulieren. Muten Sie sich also eher eine sensible Brave zu! Diese Dame erwartet dann allerdings ein besonderes Lusterlebnis, denn Ihr Penis trifft ihre heikelsten Stellen! Sie selbst erfreuen sich an der Aussicht und kommen garantiert ebenfalls auf ihre Kosten …
- **Sitzende Positionen** gibt es in vielen Varianten mit unterschiedlicher Wirkung und auch auf mancherlei «Unterlagen» (hier kommt auch die Sexschaukel zu Ehren, ein Spielzeug, eigens so konstruiert, dass der sitzenden Partnerin die Beine in optimaler Höhe für diverse Vergnügungen gespreizt werden – schön zum Beispiel für den Cunnilingus).
- Sitzt die Frau mit nach vorne gestreckten, gespreizten Beinen an den Schoß des Mannes gepresst, der ebenfalls mit ausgestreckten, geöffneten Beinen und aufrechtem Oberkörper dasitzt, bilden die Partner den so genannten «**Seestern**». Obwohl es am Anfang nicht leicht ist, sich rhythmisch zu bewegen und Balance zu halten, führt diese Position zu einem beachtlichen Lusterfolg. Die Partner sind sich sehr nah, können sich anschauen, halten und streicheln. Eichel und Klitoris werden verwöhnt. Allerdings eignet sich die Stellung nicht für schnellen, heftigen Sex, denn sie fordert Geduld und Einfühlungsvermögen.
- Dieselbe Liebesposition lässt sich in die «**Schere**» verwandeln, indem beide Partner sich so weit wie möglich zurücklehnen und sich auf den Armen aufstützen, bis eine fast liegende Haltung erreicht wird. Jetzt kann der Mann zusehen, wie sein Glied in die Vagina seiner Partnerin eindringt, was natürlich für eine hohe Erregung sorgt. Auf die Ellenbogen gestützt, bleibt noch die Möglichkeit, mit der Hand ihre Klitoris zu verwöhnen. Die Frau findet in dieser «Brückenhaltung» (mit Händen und Füßen abgestützt) den idealen Winkel für die Reizung ihrer Lustpunkte, vorausgesetzt, ihre Arme ermüden nicht vorzeitig, und ihr Partner wird nicht das Opfer übermäßiger visueller Stimulation.
- Etwas unbequem und wackelig ist die Position, in der die Frau auf dem Partner sitzt, der wiederum auf seinen Unterschenkeln kauert. Dieses Aufeinandersitzen bringt wenig Bewegungsfreiheit und führt meist dazu, dass der Mann in eine liegende Stellung überwechselt. Kurzfristig kann er freilich die aufrechte Haltung des Oberkörpers dazu nützen, die Brüste seiner Partnerin mit Küssen, Saugen und Knabbern zu stimulieren. Sie bewegt ihr Becken vor und zurück, während sie mit einer Hand die Schulter ihres Partners umfasst und sich mit der anderen auf seinem Oberschenkel abstützt. Wenn Ihre Brave eher zu den Kleinen zählt, und Sie selbst aber über einen größeren Schenkelumfang verfügen, kann die Sache schwierig sein, weil die Kleine vergebens versuchen wird, mit ihren Knien Halt zu finden. Alles in allem keine wirklich hocherotische Stellung.

✗ *Aus der vorangegangenen Position können Sie in eine andere, weitaus interessantere Variante übergehen, wenn Sie weiter auf Ihren Schenkeln kauern, Ihre Partnerin aber in Hockstellung (d. h. mit angezogenen Beinen) auf dem Rücken zu liegen kommt, und Sie den Po Ihrer Liebsten auf Ihre Schenkel schieben. Je weiter Ihre Partnerin die geschlossenen Knie zur Brust zieht, desto tiefer wird die Penetration. Fahren Sie mit den Händen unter die Hüften Ihrer Partnerin und heben Sie sie an, dann gerät Ihr Penis mit hoher Wahrscheinlichkeit an den G-Punkt!*

✗ *Das «**Schaukelpferd**» ergibt sich, wenn Ihre Partnerin auf Ihren geschlossenen Beinen sitzt, Sie Ihren Oberkörper aufrichten, und Ihre Liebste die Beine nach vorne gibt und sich mit den Füßen abstützt. So können Sie auch auf einem Sessel oder tatsächlich auf einem Schaukelstuhl (sehr lustvoll!) Ihrem Liebesspiel frönen. Allerdings ist Ihre Partnerin in puncto Bewegungsfreiheit und sexuelle Stimulation bevorzugt.*

✗ *«**Gekreuzte Schwerter**» nennt sich eine Stellung, in der sich die Partner mit leicht nach hinten gelehnten, auf die Arme gestützten Körpern gegenübersitzen. Jeweils ein Bein liegt über bzw. unter dem Oberschenkel des Partners. Die Klitoris ist optimal zugänglich, und durch den geringen Winkel kommt es zu einer Reizung der Scheidenseitenwände. Die Partner können sich beobachten und die Penetration fein abstimmen, doch müssen sie auf die Arme aufgestützt bleiben und verlieren dadurch die Möglichkeit des Oberkörperkontakts. So hat die Stellung fast einen Masturbationscharakter, weil die Körper voneinanderweichen und nur im Genitalbereich verbunden sind. Nichtsdestotrotz eine vorzügliche Position (bei geschlossenen Augen für Phantasien ideal!).*

✗ *«**Sesselpositionen**» brauchen vor allem ein verlässliches Möbelstück, das im Ernstfall das Gewicht von beiden Partnern aushält. Der Nachteil bei einem überwiegenden Teil dieser Liebesspiele liegt im Halten der Balance und der erforderlichen Stützarbeit der Arme (der Frau). Das ist deshalb von Bedeutung, weil bei dieser Spielart heftige Stöße wegfallen, der Akt entsprechend länger dauert. Aber diese Stellungen sind sehr reizvoll, weil sie meist mit Sex außerhalb des üblichen Territoriums zu tun haben (z. B. Küche, Bad usw.). Ein paar Möglichkeiten sollen hier kurz erwähnt werden:*

– *Sie können auf einem Sessel sitzen, während Ihre Partnerin mit dem Rücken zu Ihnen auf Ihrem Schoß Platz nimmt. Das beraubt Sie zwar Ihrer Stoßfreiheit, schenkt Ihnen aber die Chance, Ihre Partnerin mit den Händen zu stimulieren.*

– *Ihre Partnerin kauert/hockt auf einem (gepolsterten) Sessel, während Sie stehend von hinten in Sie eindringen. (Das ist freilich eine Variante, die sicher nicht viel Geduld in Anspruch nimmt, im Gegenteil: quickieverdächtig!)*

– *Sie sitzen auf einem Sessel, Ihre Partnerin kehrt Ihnen den Rücken zu, stützt sich mit den Armen auf dem Boden ab, während sie ihre Beine um Ihre Hüften schlingt und einen «Schubkarren» bildet. Sie können in sie eindringen, ihre Pobacken zusammen-*

drücken und den Anblick genießen. Für Ihre Partnerin bleibt nicht viel Bewegungsspielraum, aber sie geht bestimmt nicht leer aus, wenn sie sich stark an Sie presst!

– Die gleiche Position nur mit der Ihnen zugewandten Partnerin hat den Vorteil, dass sich Ihre Liebste mit den Füßen besser am Sessel abstützen und so die Stöße beeinflussen kann. Beides wären gute Übungen für schöne Armmuskeln …

– Die «**aufrechte Tigerstellung**» bedeutet, dass sich Ihre Partnerin kniend über einen Sessel lehnt, während Sie von hinten in sie eindringen und dabei ebenfalls knien. Eine gute Sexposition, die noch angenehmer über der Bettkante funktioniert.

✗ Über dem Gesicht des Partners sitzt (eher hockt) man/frau, wenn ein intensiver Sex mittels Fellatio bzw. Cunnilingus erfolgen soll. Eine Bettlehne oder Ähnliches zum Abstützen der Arme oder die Einnahme einer knienden Position verhindert, dass der Geber vom Empfänger fast erdrückt wird. Auch ein festes Kissen im Nacken dient der Stellungsoptimierung.

✗ Die gerne als «**Kamasutra**» betitelte Liebesstellung meint einen stehenden Mann, der seine Partnerin auf seinen Händen sitzen lässt, während sie die Beine um seine Hüften schlingt (Klammerhaltung). Es versteht sich wohl von selbst, dass man diese Übung nur mit Hilfe einer Wand, an die man die Partnerin lehnt, und großer Beinkraft zustandebringt. Das Gewicht Ihrer Braven sollte demnach Ihre Kondition nicht überfordern.
Der erwartete «Überkick» erklärt sich nur aus dem Namen und erfolgt eher nicht, besonders dann, wenn die Brave lange braucht, um überhaupt in Fahrt zu geraten. Nützen Sie diese Stellung deshalb erst «in letzter Minute» bzw. für einen Quickie mit einer sexuell leicht erregbaren Partnerin. Moral der Geschichte: Filmszenen haben wenig mit der Wirklichkeit zu tun, Namen halten nicht, was sie versprechen.

✗ Stellungen, bei denen beide Partner **flach aufeinander liegen**, gibt es in vielen Variationen, und oft dienen sie einer ganz bestimmten Absicht. Zum Beispiel:

– Der Mann liegt flach auf der liegenden Partnerin und dringt mit geschlossenen Beinen von vorne in sie ein. Nicht gerade das Optimum, aber bei geschickten Beckenbewegungen der Partnerin können Eichel und Klitoris sehr gut stimuliert werden. Am besten gelingt die Sache, wenn sich die Frau auf den Unterarmen abstützt, ein Hohlkreuz formt und mit dem Po stark gegen den Körper des Mannes drückt.

– Schließt bei der oben genannten Position die Frau, nicht der Mann die Beine, steuert sie einerseits die Tiefe der Penetration und sorgt andererseits für eine intensivere Penismassage. Diese Stellung ist für Frauen ideal, die sich vor heftigen Stößen fürchten, und für Männer, die mehr Druck und Reibung an ihrer Eichel brauchen.

– Liegt der Mann unten, kann sich seine Partnerin verkehrt auf ihn setzen, seinen Penis einführen und sich vorsichtig auf seinen Körper zurücklehnen. In dieser Stellung kommt es zwar zu keiner tiefen Penetration, doch der Penis wird optimal an der Scheidenvorder-

wand platziert, wo auch der G-Punkt sitzt. Für den Mann entsteht die Erregung einerseits aus dem leicht unterlegenen Gefühl, andererseits aus dem Druck, den das Gewicht seiner Partnerin auf den Penis ausübt. Darüber hinaus hat er einen schönen Zugriff auf die Brüste seiner Liebsten.

– *Die «**Froschposition**» hat wenig mit dem Paarungsverhalten der Amphibien zu tun, sondern bezieht sich auf die Körperhaltung der Frau, die bei dieser Stellung auf dem Mann liegt und sich mit den Händen am Boden, mit den Füßen an den Füßen des Mannes abstützt. Die Stimulation erfolgt dadurch, dass sie den Penis fest zwischen Ihren Schenkeln hat und sich mit dem Körper wenig auf- und niederbewegt, während sie sich gegen die Füße des Partners stemmt. Eine «Sonderstellung» für all jene, die ihre PC-Muskeln spielen lassen können!*

✗ ***Bettkantenpositionen** gehören zu den erfolgversprechendsten und deshalb auch beliebtesten Stellungsvarianten. Das Körpergefühl ändert sich nämlich erheblich, wenn die Beine oder der Oberkörper allein auf dem Bett ruhen. Nicht umsonst ist Ausdruck «jemanden über die Bettkante biegen» so populär.*

– *Versuchen Sie doch einfach einmal, Ihre Brave aus der «Missionarsstellung» heraus so zu drehen, dass ihr Kopf und Oberkörper über den Bettrand nach unten weisen! Hier kann Ihre Partnerin in der Phantasie schwelgen, von einem wilden Lover genommen zu werden, den sie vielleicht gar nicht richtig kennt.*

– *«**Wellenteilen**» heißt eine etwas komplizierte Variante, die dafür ausgesprochen verführerisch und sehr erfolgreich sein kann. Dabei kniet der Mann mit dem Rücken zur Partnerin über deren Hüften. Sie liegt vor dem Bett am Boden, ihre Beine reichen über die Bettkante und schlingen sich nach dem Eindringen des Penis um die Hüften des Mannes. Obwohl es bei dieser Stellung so aussieht, als wäre die Bewegungsfreiheit beider Partner stark eingeschränkt, können sie sich doch außerordentlich gut im Rhythmus aufeinander einstimmen, weil es zu keinen Balanceproblemen kommt. Der Penis kann relativ weit eindringen, wenn die Partnerin das Becken hebt, und für den Mann kann sich aus der Stimulation seines schön präsentierten Anus auch noch allerhand ergeben …*

✗ ***Sex über der Tischkante** zählt zu den Varianten, die schon allein durch die Vorstellung manche Menschen in heftige Gefühle versetzen. Und wahrscheinlich hat Ihre Brave das eine oder andere Mal davon geträumt, auf dem Küchentisch liegend einem sexhungrigen Liebhaber ausgeliefert zu sein … Auf dem Rücken, ganz an der Tischkante, und mit erhobenen Beinen offeriert Ihnen Ihre Brave die beste Stellung, um mit «voller Kraft» weit in die Vagina vorzudringen. Wenn Sie Ihren Körper etwas nach vorn und auf den Venushügel Ihrer Partnerin drücken, fällt deren Orgasmus mitunter gigantisch aus … Diese Sexposition erlaubt als eine von wenigen beiden Partnern, den Penis in Aktion zu sehen, was natürlich für eine Extraportion Lust sorgt. (Frauen sind auch kleine Voyeure!)*

- *Die legendäre Position «**69**» sagt nichts anderes, als dass ein Partner so über dem anderen, Liegenden kauert, dass sich beide Partner oral befriedigen können. Mund zu Penis, Vulva an den Mund des anderen. Sie dürfen die Stellung variieren, indem einmal der eine, einmal der andere Partner oben liegt oder eine Seitenlage einnimmt. Wichtig ist, dass der Mann nicht zu heftig in den Mund der Partnerin stößt, wenn er über ihr bleibt, denn diese Stellung hat ihre Lobeshymnen tatsächlich verdient! In dieser Position kann der gleichzeitige Höhepunkt beider Partner oft leichter erreicht werden als bei anderen Spielarten, weil Mann und Frau die Erregung des Partners «vor Ort» sehen und spüren. Grundvoraussetzung bleibt freilich die (hemmungslose) Lust am Oralsex beider Liebender. Also nichts für den Anfang bei einer Braven!*
- *Usw.usf.!*

Rollenverteilung

Sex, der auch nur ein Fünkchen von einem spielerischen Charakter in sich tragen soll, kommt an gewissen Rollen, die die Partner annehmen und wechseln, gar nicht vorbei. Doch viele Menschen, allen voran natürlich die ganz braven Mädchen, denken beim leisesten Klang von «Rollenspielen» an lächerliche Verkleidungen, mit denen sich Erwachsene gegenseitig die Kindheitstraumen von der Seele kasper(l)n. Beim ersten Blick in einen Sexshop wird einer Braven wahrscheinlich schleierhaft erscheinen, was Schwesternhäubchen und andere Berufskleidung dort zu suchen hat, aber nachdem sie festgestellt hat, dass die Materialien doch eher auf Attrappen schließen lassen, läuten die Glocken ... Leider tauchen sofort tiefenpsychologische Interpretationsansätze auf, sobald ein Mensch den anderen dabei ertappt, für eine begrenzte Zeit in eine andere Rolle schlüpfen zu wollen, besonders außerhalb von Theater und Karneval. Beim Sex läuft schnell alles auf eine vermeintliche «Fixierung» hinaus, was eigentlich als Lust am Spiel begonnen hat. Dabei müsste schon der Wechsel von der Umgangs- in eine kindlich gefärbte Kosesprache unter die Bezeichnung «**Rollenspiel**» fallen. So natürlich unser Trieb zum Verkleiden, Schauspielen, Phantasiewelten Schaffen ist, so unnatürlich wird er oft beim Sex angesehen. Das bedeutet, dass Sie ein hartes Stück Arbeit vor sich haben, wenn Sie Ihre Brave animieren wollen, das Schwesternhäubchen oder die Servierschürze auch nach Dienstschluss nicht abzulegen ... Diese Utensilien zählen zu den «Standards» im gut sortierten Erotikhandel, weil manche Rollenspiele einfach Klischees folgen. Sex mit einer Krankenschwester oder dem Stubenmädchen stellt sich in vielen Männerträumen so regelmäßig ein wie der nächtliche Samenerguss. Und auch die braven Mädchen bleiben nicht verschont von Phantasien, in denen Helden in Uniform oder Cowboystiefeln den Schullehrer ablösen. Ihre Partnerin liebt Sie vielleicht in Ihrem Cashmere-Sakko, doch manchmal würde sie viel darum geben, wenn Sie der Kerl in der Lederkluft wären, der sie in ihren Träumen über die Motorhaube biegt. Letzten Endes scheint wieder einmal alles eine Frage der Kommunikation zu sein. Zweifellos können Sie hergehen, ein einschlägiges «Bilderbuch» anschauen und Ihrer Braven dann vorschlagen: «Nächsten Sonntag spielen wir einmal Robin Hood. Die Strumpfhosen hab ich schon!» Aber im Grunde brauchen Sie überhaupt nicht künstlich auf irgendein Rollenspiel hinarbeiten. Der Einstieg erfolgt oft leichter und unmittelbarer, als Sie glauben. Sollten Sie Ihre Rolle als Liebhaber, der nackt zur Braven unter die Decke schlüpft, ein wenig satt haben, und es mangelt Ihnen an Ideen, dann nehmen Sie die folgenden Beispiele als Orientierungshilfe:

Überraschen Sie Ihre Partnerin in einer Kleidung, die sich an irgendeine Uniform annähert (Der «Captain» kann beim Militär, auf einem Schiff oder im Flugzeug das Kommando haben. Auch Ärzte haben eine Art Uniform ...) und nicht identisch ist mit einer aus Ihrem beruflichen Umfeld! Ändern Sie den Tonfall oder die Weise, mit der Sie sonst Ihre Brave begrüßen! Das gelingt Ihnen bestimmt, denn Kleider beeinflussen automatisch ein wenig das Verhalten ihres Trägers. Mit ein paar Utensilien wie Kopfbedeckung, Gürtel, Abzeichen sind Sie der wortkarge Held, dem sich die Frau an die Brust wirft, um dann tiefer zu gleiten ...

In einen Cowboy sind Sie so schnell verwandelt, wie Sie in den Stiefeln drin sind. Lassen Sie es nicht an Leder (der Geruch!), coolen Sprüchen, schlechten Manieren und Whiskey aus dem Flachmann fehlen! Die Strohballen in Ihrem Wohnzimmer findet Ihre Partnerin sicher aufregend, der Fallabellahengst muss nicht sein! Aber vielleicht verlegen Sie sich ohnehin auf «Freiluftspiele» in der Nähe eines Reitstalls ...

Sie wissen wahrscheinlich gar nicht, welche Wirkung ein schmaler weißer Streifen am Halsausschnitt eines schwarzen Hemdes auf Ihre Partnerin ausüben kann. Lassen Sie gegebenenfalls alle moralischen Bedenken beiseite und erteilen Sie sich selbst den Segen zu einer Episode aus «Dornenvögel»!

Haben Sie nicht vor, der Liebeslehrmeister Ihrer Braven zu sein? Na, dann her mit dem strengen Blick, dem Klassenbuch und eventuell dem Rohrstöckchen für Sie – und mit dem Röckchen, den Söckchen und den Löckchen für Ihre Schülerin!

Erfüllen Sie Ihrer Partnerin einmal (oder öfter) den Traum von einem schönen Fremden, der sie – wortlos, aber heftig – «hernimmt» und ihr neue Liebesvarianten zeigt! Verkleiden Sie sich, kleben Sie sich eventuell einen Bart auf, oder greifen Sie gar zur Perücke!

Es sollte Ihnen nicht peinlich sein, Ihrer Partnerin einen tollen Striptease vorzuführen, nackt zu tanzen oder den Callboy zu mimen, der tut, was sie sich wünscht, sie aber nicht küsst und sich bezahlen lässt.

Doktorspiele erfreuen uns nicht nur in einer bestimmten Kindheitsphase ... Wie wär's mit einem Hausbesuch? Oder umgekehrt mit einer heiklen Angelegenheit bei einer strengen «Ärztin?»

Sie dürfen der Ritter sein, der Minnelieder auf die Augen seiner Partnerin dichtet, der eifersüchtige, der ihr einen Keuschheitsgürtel (erhältlich!) anlegt, oder auch der, der sexhungrig von einer Schlacht heimkehrt und keine guten Sitten kennt!

Was der Friseur Ihrer Liebsten an Wohltaten angedeihen lässt, das können Sie schon lang! Richten Sie einen Stuhl beim Waschbecken und geben Sie sich professionell beim Haarewaschen, Föhnen und ausgiebigen Frisieren! Zu guter Letzt empfehlen Sie ein Trimmen der Schamhaare ...

Eigentlich müssen Sie die *Ideen* für Rollen gar nicht weit herholen. Wenn Sie sich ein bisschen an selige Kindergartentage erinnern, fällt Ihnen bestimmt ein, was Sie und was die Mädchen am liebsten spielten. Mädchen schwärmen für alle Rollen, in denen sie sich besonders schön zurechtmachen dürfen, der Höhepunkt bleibt immer die Hochzeit. Eine Brave wird es eher selten gleich zu einer Rolle mit schwarzer Ledermaske ziehen, wohl aber zu einem Spiel wie «*Hochzeitsnacht*», «*Bauernmädchen*» oder «*Sekretärin*». Oft gelüstet es sie aber tatsächlich, in Lackstiefeln, Perücke und scharfem Mini «*Straßenmädchen*» zu sein ... Hauptsache bleibt, dass sie toll aussieht. Eine intellektuelle Brave lässt sich gern zur «*Friseuse*« machen, und umgekehrt spielt jene vielleicht mit Vergnügen «*Professorin*». Wie auch immer, der Reiz der Rollenspiele wird vor allem durch die diversen Utensilien verstärkt. Detailtreue und ein liebevoller Aufwand lohnen sich, außerdem macht es Spaß, die Spiele ausgiebig vorzubereiten. Scheuen Sie sich nicht davor, «Alltagsgegenstände» mit einzubeziehen, an ihnen bleibt dann die Erinnerung an manch heiße Nacht hängen ...! Und Ihre Brave merkt, wie einfallsreich Sie sind (schöne Aussichten für ein spannendes Liebesleben und praktisch für Notfälle). Nehmen Sie aber bitte die ganze Angelegenheit nicht zu ernst, und fangen Sie bloß nicht an, bei der Wiederholung eines solchen Rollenspiels die Positionen der einzelnen Requisiten genau festzulegen! Das bekommt dann schon einen obsessiven Charakter, auch wenn Sie eben ansonsten ein Pendant sind! Welche modifizierten Spiele aus längst vergangenen Tagen würden Ihnen denn gefallen?

«Hänsel und Gretel»: Verführen Sie Ihre Brave spätabends zu einem Waldspaziergang, und steigern Sie sich ein wenig in die unheimlichen Gefühle hinein, bevor Sie als Hänsel der Gretel das zeigen, was der Hexe verwehrt blieb! Vielleicht zücken Sie zu guter Letzt noch ein Lebkuchenherz ...

«Rumpelstilzchen». Sie denken sich einen unanständigen Namen aus, und bis ihn Ihre Partnerin errät, muss sie sich allerlei erotischen Schabernack gefallen lassen ...

Aufreizend wirken alle Spiele, die eine «Überprüfung» (Betasten, Beschnuppern, Vermessen usw.) der Brüste und Genitalien beinhalten. Sie können also Ihre heimliche Sehnsucht, endlich einmal Klarheit über Ihre Penislänge zu erhalten, in ein romantisches oder eben «schauriges» Rollenspiel einbauen. Ihre Partnerin zittert vielleicht vor Erregung bei dem Gedanken, auf einem *«orientalischen Sklavenmarkt»* betätschelt und zur Präsentation ihrer geheimsten Stelle gezwungen zu werden.

Andere Rollenspiele gehen in die Richtung «Künstler und Modell». Dabei bleibt es Ihrer Phantasie überlassen, ob Sie nun der *Fotograf* sein möchten, der immer geilere Positionen für seine Akte fordert, der *Maler, der sich im Bodypainting übt* (sehr erotisch durch den Streicheleffekt auf dem ganzen Körper und das erforderliche Stillhalten!) oder *der superkreative Konditor*, der seine Partnerin in ein lebendes Konfekt verwandelt und ihr zum Schluss noch die Brustwarzen kandiert.

Was aber, wenn Sie darauf kommen, dass Ihre Partnerin in den Tiefen ihres Busens «animalische» Sehnsüchte hegt und einem Tiger, Bären oder Gorilla gefallen möchte? Sex im Affenkostüm ist wirklich eine heiße (und bei Kerzenschein eine brandgefährliche) Angelegenheit. Und wo nehmen Sie so schnell ein Eisbärfell her, das sich zum Umhängen eignet? Reicht für den Tiger der Streifenpyjama, oder müssen Sie sich weiße Punkte hinter die Ohren malen? Nichts von alldem. Sie werden sich ja höchst unwahrscheinlich eine Brave geangelt haben, die ganz scharf darauf wäre, die Geschichte von der Pasiphae nachzustellen. Wenn Sie gutmütig sind, lassen Sie sich von ihr Hörner aufsetzen (vielleicht einen ganzen Stierkopf) und spielen Sie, was Sie können! Aber Tierphantasien

– abgesehen von jenen, in denen die Partner die Kosenamen imitieren, oder eben die Hunderolle bei S/M-Varianten – gehören ins Träumeland und wollen nicht einmal im Kleid eines Rollenspiels greifbar werden.

Eine besonders raffinierte Form der Verführung würde sich in einem Rollenspiel ergeben, in dem Sie Ihre Partnerin auffordern, entweder selbst ein *überkeusches Mädchen* zu spielen, oder Sie als *«männliche Jungfrau»* in die geheimsten Liebeskünste einzuweihen. Passen Sie aber auf, dass Sie vor lauter Spaß nicht dazu hingerissen werden, die braven Verhaltensweisen Ihrer Partnerin szenisch zu verspotten! Das ist nicht der Sinn der Sache!

Einstiegshilfen

Gesetzt den Fall, dass Sie Rollenspiele und anderes mit Ihrer Braven schon beachtlich reizen würden, Sie sich aber davor fürchten, sich mit einem derartigen Vorschlag bis auf die Knochen zu blamieren, bleiben Ihnen genug Möglichkeiten, Ihrer Partnerin diesen Wunsch auf indirektem Weg näher zu bringen.

Oft genügt die gute Laune, die zu einem neckischen Fangen- oder Versteckenspiel führt, um ein bisschen ins erotische Territorium abzugleiten, indem man eine Augenbinde verwendet oder nach und nach die Kleidung ablegt wie beim Strip-Poker (auch kein schlechter Einstieg, allerdings mit einer Braven anfangs nur zu zweit und unter mäßigem Alkoholeinfluss! Die beliebten Skihütten- und Strandspiele könnten Ihrer Partnerin ein für alle Mal die Lust verleiden.) Viel harmloser ist ein Kinobesuch oder ein Video für daheim.

Filme: Wenn mehrere Männergenerationen ihre Herzensdamen erfolgreich ins Kino geschleppt haben (nicht etwa zur Weiterbildung in Sachen Spielfilm), dann kann das kein so schlechter Schritt sein. Denn spätestens ab den sechziger Jahren war das Kino nicht der einzige Platz zum zwanglosen Küssen, Streicheln und mehr. Also ist dem Film an sich und der besonderen Atmosphäre des Kinos eine Wirkung zuzuschreiben, die (brave) Mädchen in Stimmung bringt. Wer sich in einen Film hineinversetzen kann, kommt meist ganz benommen aus dem Saal – fast wie nach einem kräftigen Schluck Champagner. Und dieses Gefühl hält oft ziemlich lange an. Manche Frauen nützen die Chance und identifizieren sich augenscheinlich mit einer Filmfigur, nur um endlich einen

Grund zu haben, Hilfe suchend in die Arme des Partners zu stürzen. Im Kino fangen besonders brave Mädchen gern zu schauspielern an und geben sich emotionaler, als sie tatsächlich sind. Aber das gehört einfach dazu, und die männlichen Kinobesucher rechnen damit. Um einen Film aber tatsächlich als Hilfsmittel für eine Verführung zu wilderem Sex zu nutzen, muss man schon einiges bedenken:

- *Ein echter Sexfilm im Kino wird für Ihre Pläne so hilfreich sein wie ein Fußballspiel im Fernsehen.*
- *Wählen Sie einen Liebesfilm oder sogar einen Thriller, der einige oder auch nur eine einzige, dafür umso interessantere Sexszene enthält. Wenn möglich eine, die für die Brave ein Diskussionsthema werden könnte. (Berühmtes Beispiel die «Butterszene» im «Letzten Tango» mit Marlon Brando.)*
- *Der Film muss so beschaffen sein, dass er Ihre Partnerin aus der nüchternen Betrachtung weglockt ins Reich der Sinne.*
- *Das gelingt, wenn entweder das Thema viel mit der Person Ihrer Partnerin zu tun hat oder eine der handelnden Figuren große Ähnlichkeit mit einem von Ihnen aufweist. Noch besser: Wenn ein Herzenswunsch Ihrer Partnerin gespiegelt wird, z. B. Hochzeit, eine Reise in ein bestimmtes Land usw.*
- *Richten Sie sich für diesen Zweck ausschließlich nach dem Geschmack Ihrer Partnerin, und ertragen Sie notfalls auch nicht enden wollende Filme mit englischen Damen – in Originalfassung! Hauptsache, irgendjemand benimmt sich auf erotischem Gebiet sehr bemerkenswert!*
- *Die Hochstimmung nach einem Film, der Ihrer Braven sehr nahe gegangen ist, müssen Sie so schnell wie möglich in eine erotische Stimmung umwandeln. Nützen Sie dafür entweder romantische Hinweise auf die Einmaligkeit des Lebens, der Zufälle usw. und ziehen Sie die ersehnten Vergleiche zwischen Film und Ihrer Beziehung, oder gehen Sie auf die Szenen ein, die irritierend waren, und spielen Sie ein wenig mit der Neugier und Furcht Ihrer Partnerin, bis es zum Knistern kommt!*
- *Es hat keinen Sinn, gleich nach dem Kinobesuch eine berühmte Szene nachzustellen und verzweifelt nach einem Eispickelersatz zu stöbern. Und sparen Sie sich lässige Hinweise wie: «Das wär doch auch einmal was für uns, nicht wahr?» Sie sollten eigentlich gar keine große Initiative starten, sondern aufmerksam die Wirkung des Films auf Ihre Partnerin beobachten und dann richtig «mitspielen», wenn Ihre Brave Lust hat, sich mit einer Rolle zu identifizieren. Mit Einfühlungsvermögen und Phantasie lenken Sie Ihre Partnerin genau dorthin, wo Sie sie am liebsten hätten. Dazu müssen Sie vielleicht öfter als einmal ins Kino gehen …*
- *Filme reizen zur Nachahmung. Geben Sie Ihrer Braven einfach die Chance, auch*

einmal einen Eiswürfel, Erdbeeren usw. auf nackter Haut zu spüren, indem Sie vielleicht den Kühlschrank entsprechend vorbereiten (Champagner für den «French tickler»= Fellatio mit zuvor gefülltem Mund, Sahne, Schokolade, Eiscreme, Honig usw.)!

Und bei warmer Witterung darf sie sich nach dem Kinobesuch doch ruhig wie Sharon Stone unter dem «Kleinen Weißen» kleiden! Hauptsache, Ihre Verwandten sitzen nicht vis-à-vis!

Mit **Videos** erreicht man zwar schnell den Punkt der wechselseitigen Zärtlichkeiten, aber die vertraute Atmosphäre daheim auf dem eigenen Bett verhindert die «Hochstimmung», die im Kino durch die unterschiedlichsten Faktoren entsteht, vielleicht sogar durch die Anwesenheit vieler fremder Personen im Halbdunkel. Das Kino erzeugt eine eigene Welt, die das Video nicht imitieren kann. Trotzdem sind auch Videos geeignete Mittel zur «Einstiegserleichterung» (siehe Kapitel Videos)

Partys, Feste und Zeremonien sind prädestiniert für Änderungen im erotischen Alltag, wenn sie nicht schon für diesen Zweck ins Leben gerufen werden. Folglich bieten sich hier sehr unterschiedliche Möglichkeiten, ein braves Mädchen ein wenig den eigenen sexuellen Ansprüchen näher zu bringen. Jedoch bergen die vielen verschiedenen Möglichkeiten ebenso viele Fallen und Tücken. Was als ungezwungene Party mit Freunden an einem gemütlichen Platz gedacht war (Zweck: Die Brave soll ein bisschen aus der Reserve gelockt werden), endet mit mühsamen Beziehungsdiskussionen. Wenn Sie aber von vorneherein kein Wunder erwarten und eine Feier auswählen, die Ihrer Braven die Chance bietet, sich außerordentlich schön, sexy und begehrt zu fühlen, haben Sie doch viel gewonnen und dürfen sich im richtigen Augenblick («Hochstimmung» Ihrer Partnerin, nicht alkoholbedingt!) auf erotischem Gebiet weiter vorwagen. Manche Feste liefern von Anfang an ein erotisches Thema oder ein Rollenspiel wie zum Beispiel bestimmte Karnevalsfeiern oder Hochzeitsbräuche («Fast-Nackt-Party», «Pyjama-Party» usw.). Schicken Sie Ihre Liebste also ruhig zu einer «Hen Party», von der Sie wissen, dass es dort ein wenig wild zugeht (ohne einen Schock für Ihre Partnerin zu riskieren)! Auch brave Mädchen unter sich können bei dieser Gelegenheit einander zu Dingen anstacheln, die später ihren Partnern zugute kommen … Im Karneval ist es ein Kinderspiel, Ihre Brave zu einem frivolen Outfit zu überreden, das auf öfteren Gebrauch wartet. Und für all jene, die einmal völlig losgelöst von vordergründig sexuellen Absichten ausprobieren wollen, wie Angst-Lust, Peitschen- oder Kettenhiebe «schmecken», bietet sich Anfang Dezember bei den alpenländischen «Krampus»-Bräuchen das passende Spektakel: Lassen Sie Ihre Brave von einem der wilden Kerle nur ein bisschen mit der Rute schlagen – vielleicht kommt sie auf den Geschmack! (Dumm für Sie, wenn Sie dann immer eine Holz-

maske, ein Fell und eine Riesenglocke tragen müssen!) Aber die aufgeheizte Stimmung, die Begegnung mit Urängsten und nicht zuletzt die «animalische» Komponente sorgen auch bei klirrender Kälte für erotische Gefühle ... (Glühwein und Punsch tun ein Übriges ...) Ja, und eigentlich soll's Glück bringen.

Gruppenspiele (mit oder ohne Animateur) lockern zwar die Stimmung, aber eine Brave werden Sie höchst selten allein durch Zwangsheiterkeit aus der Reserve locken. Aber Sie können sich dort die Ideen für zu Hause holen und sie im kleineren Kreis oder eben nur zu zweit in die Tat umsetzen. Vergessen Sie nicht, dass oft kindisch-lächerlich anmutende Spiele durchaus zum Auslöser für sexuelle Neuerungen werden können! Vom Indianerhäuptling zum Bondage-Master, vom wechselseitigen Negerkuss-Füttern zum Oralsex mit kulinarischen Leckereien ...

FKK, wildes Nacktbaden und Ähnliches hilft wahrscheinlich der Braven, sich nackt auch ganz passabel zu finden, doch große erotische Fortschritte erreichen Sie wahrscheinlich nur, wenn Sie die Gunst der ersten Spannung nützen! Ansonsten kann sich Ihr Lusttraum schnell verflüchtigen und die ausgiebige Betrachtungsmöglichkeit des nackten Körpers als erotischer Bumerang erweisen.

Gute Freunde

Gute Freunde sind im Hinblick auf Ihren Umgang mit einer Braven hauptsächlich dazu da, Ihr integres Image zu stärken. Zur erotischen Hilfestellung sollten Sie sie nur rufen, wenn ihnen alle anderen Möglichkeiten versagt bleiben. Das heißt keineswegs, dass Sie Ihre besten Kumpels einladen sollen, damit einer von ihnen Ihrer Liebsten endlich einmal einen schönen Joint dreht! Und fordern Sie um Himmels willen Ihren Busenfreund nicht auf, den Busen Ihrer Freundin reizempfindlicher zu machen oder gar, sie ein wenig aufzuklären! Das geht daneben.

Aber brave Mädchen haben sehr oft eine seltsame Neigung, aus dem Mund eines Freundes ihres Partners mehr über dessen (sexuelle) Vergangenheit und seine Vorlieben zu erfahren. Das ist genau der Punkt, wo Sie im Fall des Falles auf die Hilfe Ihres Freundes bauen dürfen. Überprüfen Sie aber mindestens dreimal seine Loyalität, bevor Sie ihm Ihre erotischen Wünsche bezüglich der Braven anvertrauen! Ihr Freund darf natürlich nicht mit der Bemerkung aufwarten: «Weißt du, mein Kumpel wartet schon ewig darauf, dass du ihm ...» Aber er darf das, was Ihnen eigentlich verwehrt ist, nämlich auf eine Ihrer «Ex» zurückgreifen, um den Ehrgeiz Ihrer Braven zu schüren. Plumpheit ist hier freilich völlig fehl am Platz, doch mit dem nötigen Fingerspitzengefühl kann der gut geschulte Freund Ihrer Braven im «Geheimen» anvertrauen, dass es «da eine Frau gegeben hat, die bestimmte erotische Vorzüge hatte ...» Ein gefährliches Spiel, aber wirksam.

Die harmlosere Variante stellt ein Freundeskreis dar, der eben nicht «brav» ist, aber Ihre Partnerin weder abschreckt noch provoziert. Sie sollte sich darin wohl fühlen, Vertrauen gewinnen und nach und nach draufkommen, dass sie ein bisschen die Außenseiterposition einnimmt. Irgendwann verlässt sie ihr angestammtes Terrain und beginnt «aufzumachen». Vielleicht findet sich unter Ihren Bekannten eine Frau, die Ihre Brave sehr schätzt, und von der sie auf die «wildere» Seite geführt wird. Grundbedingung bleibt, dass Ihre Absicht und Ihr Wirken im Hintergrund unentdeckt bleibt und die Brave nie für ihr zögerndes Verhalten offen Kritik empfängt.

DIE SCHATZKISTE

Spielzeug für die Großen

Was immer Sie mit einem braven Mädchen vorhaben, gehen Sie am besten von einer ganz natürlichen Situation aus, ehe Sie etwas Künstliches inszenieren. Das gilt in einem hohen Maß auch für die **Sexspielzeuge**. Waren aus dem Handel tragen die professionelle Handschrift und finden kaum den Weg aus dem Porno-Image, selbst wenn Sex-Supermärkte den Kauf eines Vibrators so aussehen lassen wie den Griff zum Schokoriegel an der Kasse.

Jede Brave denkt schon schlecht, sobald Sie ein Kondom rechtzeitig parat haben. Da nützt das Vor- und Fürsorgeargument gar nichts. Eine **Peitsche**, ein **Penisring** oder ein **Dildo** im Nachttisch entlocken einer Braven garantiert mehr als ein erstauntes «Oh!» Warum wollen Sie sie gleich erschrecken? Nützen Sie lieber Ihr Wissen über die heimlichen Leidenschaften der Braven, die ja meisterhafte Fertigkeiten an den Tag legen, wenn es um den sexuellen Missbrauch von Alltagsgegenständen geht! Bevor Sie also mit handgeschmiedeten Ketten und Manschetten aus bestem Schweinsleder antanzen, trimmen Sie Ihre Assoziationen auf Sex und lassen Sie den Blick schweifen:

Von der Gemüselade über den Tisch mit den Kerzen, die Garderobe mit Schals und Gürteln bis ins Bad, wo Deos und Haarspraydosen nicht umsonst «frauenfreundliche» Formen haben ... Ein Handschuh mit dem (Hasen-)Pelzfutter nach außen gestülpt leistet vortreffliche Dienste, ein feiner Schal wird schnell zum «seidenen Sattel», auf dem Ihre Liebste dem Höhepunkt entgegenreitet, usw. usw.

Zweckentfremdete Alltagsgegenstände werden für Sie beide zu stummen Zeugen eines Geheimnisses, das Sie enger aneinander bindet, und gleichzeitig erotisiert, d. h. dass sie Sie stets daran erinnern, was man mit ihnen anstellen kann. Sie müssen außerdem nicht in einer Schublade ein verborgenes Dasein fristen, sondern bleiben den Blicken des Betrachters auch tagsüber erhalten. Sie ahnen wahrscheinlich gar nicht, was sich Ihre Liebste denkt, wenn Sie Ihre dicke Füllfeder in der Hand halten!

Einfallsreichtum kann also viel Spaß machen, und daraus ergibt sich irgendwann die Frage nach Sexspielzeug, das vielleicht ein bisschen praktischer ist als die Seidenstrümpfe, deren Knoten stets ein paar Fingernägel zum Opfer fallen. Sexspielzeug nach Hausmacherart hat nämlich einen großen Nachteil: Sicherheitsmängel. Im Rausch der Triebe greift man öfter daneben, und aus derlei Unfällen leiten sich dann die bösen Medizinerwitze ab. Wer denkt schon an sich lösende Verschlusskappen, die spurlos im Körper verschwinden, oder gemeine Schuppen der Tannenzapfen, die den Retourgang verhindern? Gutes Sexspielzeug wird streng getestet, eine Karotte höchstens auf den Vitamingehalt. Trotzdem sollten Sie beim Kauf von Sexartikeln einige Sicherheitsratschläge beachten:

- *Kaufen Sie lieber in einem Fachgeschäft, wo Sie sich alles zeigen und erklären lassen können, als per Versand.*
- *Gute Marken (z. B. bei Vibratoren) bieten mehr Sicherheit.*
- *Das Sexspielzeug muss eine Vorrichtung haben, die das Verschwinden in einer Körperöffnung verhindert.*
- *Für manche Dinge aus dem S/M-Bereich braucht man genaue Instruktionen (Video und/oder Fachmann).*
- *Verlassen Sie sich nicht auf Ratschläge von redseligen Verkäufern oder guten Freunden!*
- *Manipulieren Sie das Spielzeug nicht selbst!*
- *Verwenden Sie es nur dafür, wofür es gemacht worden ist!*

Natürlich ist es diskreter und bequemer, sich die Spielsachen nach Hause schicken zu lassen, aber ein Besuch in einem angenehmen Sexshop erfreut selbst eine Brave, solange der Inhaber weder aufdringlich noch kumpelhaft auftritt. Die nüchterne Atmosphäre eines Sex-Supermarkts nimmt viel von der erotisierenden Wirkung eines solches Einkaufsbummels. Versandhausware ist am ehesten empfehlenswert, wenn man die Produkte bereits kennt, ansonsten entpuppt sich manches als Mogelpackung (Überraschungspakete im negativen Sinn). Zu den gängigsten Spielsachen gehören:

Vibratoren

in unterschiedlichsten Größen, Farben, Formen und Geschwindigkeitsstufen. Ihre Liebste hat die Wahl! (Lautstärke ebenfalls überprüfen!) Mit Strom oder Batterien betrieben und Zubehör (für die Klitoris,den G-Punkt, Gurte zum Befestigen oder Spezialmanschetten für Männer usw.) gibt es prinzipiell zwei Haupttypen: den, der einfach als ganzes Stück vibriert, und den, der einen rotierenden Kopf besitzt.

Wahrscheinlich fürchten viele Männer den «besten Freund» der Frauen deshalb so, weil ein Vibrator eigentlich jede Frau zum Orgasmus bringt. Die Vibrationen lassen sich mit einem Handtuch dämpfen, ein Gurt erlaubt «Handbetätigung» an anderen Stellen, und manche Minigeräte kann man auch beim Geschlechtsverkehr oder unterwegs tragen. Ein sanfter Beginn mit niedriger Geschwindigkeit ist anzuraten. Vom Partner mit dem Vibrator verwöhnt zu werden, verhindert den Hang zum einsamen Vergnügen und fördert das gegenseitige Vertrauen. Ein Vibrator ist kein reines Mädchenspielzeug, denn er schenkt verspielten Jungs mindestens ein ähnliches Vergnügen an Brust, Eichel und Anus ... (Spezialaufsätze sorgen für tiefer greifende Gefühle).

Ein paar Tipps am Rande: Neigen Sie beim ersten Kauf zum Mittelmaß (bezüglich Größe) mit wenig «Firlefanz»! Probieren Sie die Vibrationsstärke(n) in der hohlen Hand aus, bevor Sie das Gerät zum «Einsatzort» bringen, und denken Sie daran, wie empfindlich die Vagina ist!!! Fangen Sie überhaupt besser mit anderen Körperzonen Ihrer Partnerin an, um ihr die Wirkung der Vibrationen zu zeigen und sie so weit zu erregen, dass sie eigentlich kein Gleitmittel nötig hätten! Achten Sie darauf, dass Ihre Brave zwar für sich allein den Umgang mit dem Vibrator testen kann, aber er doch nur eine Nebenrolle in Ihrer beider Liebesleben spielen soll! Überzeugen Sie Ihre Brave notfalls mit dem Hinweis auf die unnachahmliche Zusammensetzung Ihres Spermas und den abstumpfenden Effekt monotoner Reizung!

Massagegeräte

vibrieren ebenfalls und erregen in allen erdenklichen Formen wie Schmetterlinge usw. hauptsächlich die Klitoris.

Man befestigt sie mit elastischen Gurten. Doch überwältigend ist ihre Wirkung keineswegs.

Dildos

imitieren den Penis ohne Vibration. Die Vielfalt ist sehr groß und reicht von lebensecht bis cybermäßig. Leider dürfen Sie nicht davon ausgehen, dass Ihre Liebste zum Spielen am ehesten eine Latexkopie Ihres besten Stücks wählen würde. Sehen Sie es deshalb nicht als Affront, wenn die Brave im Fall des Falles zu einem mächtigen schwarzen «Lümmel» greift! Manche Dildos lassen sich mit Gurten befestigen, andere sind für zwei Partner oder zwei Öffnungen gedacht, manche haben einen Fuß mit Saughaftung, um ihn irgendwo fest zu platzieren, usw. usw. … Achtung: In einigen elastischen Modellen sind Drähte verborgen, Verletzungsgefahr! Da Dildos aus den unterschiedlichsten Materialien (eine geschnitzte Gurke fällt auch unter diesen Begriff) hergestellt werden, sollten Sie bedenken, dass auch die Preisunterschiede nicht von ungefähr kommen. Silikon hat neben der «Lebensechtheit» den Vorteil, rasch körperwarm zu werden und sich leicht reinigen zu lassen. Haarrisse in anderen Materialien entwickeln sich mit der Zeit zu Brutstätten für höchst unangenehme Zeitgenossen … In jedem Fall wäre ein Kondom über dem Dildo die beste Lösung, ganz besonders aber, wenn der Dildo für verschiedene Körperöffnungen herhalten muss. Diverse «Geschirre» erlauben die Selbst- wie die Partnerbefriedigung, und wenn Sie Ihre Brave einmal so weit haben, dass sie Ihnen per Dildo zeigt, wo's langgeht, passen Sie auf Ihre Kehrseite auf! Gleitmittel sind ohnehin empfehlenswert.

Ein paar Tipps: Orientieren Sie sich beim Kauf daran, dass ein Dildo so appetitlich wirken sollte, dass ihn Ihre Partnerin gern in den Mund nehmen würde! Aus diesem Grund sind oft Dildos, die mehr Ähnlichkeit mit einem Gummibärchen als mit einem Penis haben, beliebter als verblüffend lebensechte Modelle, die, sobald sie irgendwo herumliegen, eher schaurige Assoziationen wecken. Ein Dildo eignet sich für unzählige Spiele, besonders aber dafür, einen tiefen, vaginalen Orgasmus zu erreichen. Vorsicht! Frauen mögen dieses Gefühl des «Ausgefülltseins» und können fast süchtig danach werden. Insofern sollten Sie Dildos, die Ihnen anatomisch überlegen sind, doch auf die Dauer als Feind in Ihrem Bett betrachten … In Gebrauch dürfen Sie ihn aber als richtungsgebend ansehen.

Analstöpsel

erfreuen die rückseitige Öffnung beider Partner, auch und besonders beim Geschlechtsverkehr. Ihr Fußteil macht sie allen Hausmitteln überlegen …

Penisringe

verstärken und verlängern die Erektion einerseits, indem sie den Blutdruck in den Adern konstant halten, und reizen gleichzeitig Klitoris und Vulva. Manche umschließen auch die Hoden.

Vorsicht: Spätestens nach 25 Minuten abnehmen! Wie bei so vielen Sexspielzeugen ist auch hier der Nutzen zweifelhaft.

Liebes- und Analkugeln

sollen entweder durch einen Vibrationseffekt (dafür muss man sich bewegen) oder durch den mechanischen Reiz beim Herausziehen die Vagina bzw. den Anus erotisch erfreuen.

Lassen Sie sich von Sensationsberichten nicht beeindrucken! Am Ende sitzen zwei rosa Gummi-Litschis in Ihrer Partnerin fest, die besser haften als ein Tampon zur Trockenzeit ... Metallausführungen bevorzugen, Gleitmittel nicht vergessen – und an «good vibrations» glauben!

Gleitmittel und Massageöle

erhöhen zweifelsohne den Spaß am Sex. Achten Sie auf Haut- und Kondomverträglichkeit und zahlen Sie keine überhöhten Preise für minderwertige «Zaubermittelchen»!

Vaseline und Mandelöl (warm und mit Ihrem Lieblingsgeruch) tun's auch, richtige Kondome vorausgesetzt.

Zu den Sexspielzeugen gehören noch viele, viele andere Dinge, die hier keinen Platz finden. (Zum Beispiel die Utensilien für diverse Rollen, die sie sich aber gar nicht im Erotikhandel besorgen brauchen. Sie kennen doch sicher eine verständnisvolle Krankenschwester ...) In Katalogen, auf Messen und in Geschäften finden Sie zumindest die «Standards». Aber für alle Artikel gilt: Erhoffen Sie einfach nicht den Überdrüber-Effekt! Allein die Vorfreude beim Aussuchen und Ihre Phantasie dienen schon der Erotik. «Spielen» ist angesagt, nicht warten, was passiert!

Spitze, Lack und Leder

Erotische Träume lassen sich tatsächlich greifbar machen, wenn man bedenkt, welch herrliches Gefühl manche Stoffe bei der Berührung mit der Haut oder allein schon durch ihren Anblick auslösen. Das geht so weit, dass viele Menschen nicht nur ins Schwärmen, sondern in die Nähe eines Orgasmus geraten, in dem Moment, in dem sie Samt, Seide, Leder, Lack oder auch Gummi in den Händen halten. Neben dem taktilen Reiz, den besondere Stoffe auslösen, wird der visuelle Reiz vor allem dadurch erzeugt, dass der Körper, in diese Stoffe gehüllt, ganz anders aussieht und sich starke Kontraste zum «Normalbild» ergeben.

Spitze und transparente Stoffe veredeln den Körper, lassen ihn kostbarer, feiner, zerbrechlicher erscheinen. Spitzen, früher Privileg des Adels, sind immer Zierde und mit dem Festtags-Flair verknüpft. Deshalb fördern sie eine geradezu zeremonielle Stimmung. In transparenten Stoffen verschwinden die Konturen des Körpers. Er bekommt einen ätherischen, unwirklichen Charakter. Der «Schleier-Effekt» nährt voyeuristische Begierden, die in jedem von uns stecken.

Samt, der wie ein Pelz dem Körper schmeichelt, fordert eigentlich den Betrachter sofort zur Berührung auf. Wir alle haben die Tendenz, etwas zu streicheln, das weichhaarig, glatt und glänzend vor uns liegt. Samt lädt also zum Kuscheln ein, strahlt im Unterschied zur Seide Wärme aus und ist der Gegenspieler von Lack und Leder, die wiederum Distanz schaffen.

Leder spiegelt immer noch seinen Ursprung als starke Schutz- und Strapazierkleidung, wobei Rauleder generell weniger mit männlich-dominanter Erotik in Verbindung gebracht wird als (schwarzes) Glattleder. Allein der Geruch von Leder weckt Assoziationen in Richtung Wildheit, Abenteuer, Nähe zu Tieren, *Dominanz* und *Unterwerfung*. Lederriemen halten etwas «im Zaum», kündigen Strafen an und wirken oft schon als Gürtel bedrohlich. Umgekehrt erlebt man sich selbst in enger Lederkleidung mächtiger, animalischer und erotischer. Leder hat sehr oft «Kultcharakter» und ist natürlich prädestiniert für die Rolle als *Fetisch*. Einmal verpönt, einmal hoch stilisiert, durchläuft es die Moden der Jahrhunderte und behält doch stets den Reiz der «zweiten Haut», als würden wir uns im Leder noch immer wie Sieger über ein erlegtes Tier vorkommen, dessen Kraft sich auf uns überträgt. Kein Wunder, dass Leder in der Erotik einen hohen Stellenwert einnimmt – und brave Mädchen davor zurückschrecken. Speziell *schwarzes Glattleder* wird sofort der S/M-Szene zugeordnet, wenn es nicht gerade für einen Modetrend steht. In Form von Korsetts und figurbetonter Überkleidung beschwört es sexuelle Dominanz. Gerade die heftige Wirkung dieses Materials müssten Sie sich zunutze machen, sollte Ihnen der erotische Kick auf der visuellen Ebene fehlen. Denn hier genügen kleine Stücke wie etwa ein Mini, ein BH oder gar nur ein Band. Leder auf nackter Männerhaut wirkt immer erotisch.

Sensible Frauen reagieren bereits auf Uhrbänder und das Knarren der Schuhe ... Überraschen Sie Ihre Brave doch einmal mit rehledernen Unterhosen (mit oder ohne Jagdhorn)!

Schlangenleder läuft schnell Gefahr, Männern einen schwulen und Frauen einen bizarren Touch zu geben, sexy ist es trotzdem.

Lackleder und Latex haben einen gewissen Kunstcharakter, der den Träger/die Trägerin zu einem Phantasiegeschöpf macht, besonders dann, wenn die Farben entsprechend krass sind.

Doch gerade hier gilt: Naturleder und echter Latex sind unschlagbar. Kein Billigprodukt kann es mit ihnen aufnehmen. Leider sind die schönsten Materialien für erotische Kleidung und andere Utensilien nicht gerade billig, aber Sie tun sich selbst keinen Gefallen, indem Sie ein Imitat wählen: Ob Kunstseide, Kunstleder oder Kunstpelz, das Auge lässt sich vielleicht täuschen, die Haut nicht.

Dennoch gibt es auch ***Kunststoffe***, die sich höchst sinnlich präsentieren: Vinyl, Plastik usw. Sie beeindrucken vor allem durch die Farb- und Glanzeffekte, die man mit ihnen erzielen kann, und sind oft die Ausgangsmaterialien für futuristische Sexphantasien.

Fesseln, Cuffs und andere Sachen

Wer sich mit Sexspielzeug befasst, kommt an Ketten, Handschellen usw. kaum vorbei. Sie gehören zwar zum Handwerkszeug der **S/M**-Anhänger, doch auch für einen kleinen erotischen Abstecher in wildere Gefilde sind sie geeignet, ohne dass sie einer Braven gleich Angst machen müssen. Immerhin sind Seidenstrümpfe, die recht gern für Fesselspielchen empfohlen werden, weniger harmlos als lederne Manschetten. Strümpfe, die ja elastisch sind, schnüren den Körper sehr bald mehr ein als gewünscht und lassen sich im Notfall weder rasch lösen noch ohne Schwierigkeiten durchtrennen. Hiermit haben Sie ein passables Argument in Händen, um Ihre Brave zu einem Ausflug in einen Sexshop zu bewegen ... Nehmen Sie das Angebot des Verkäufers ruhig an, Ihnen die diversen Spielsachen genau zu erklären!

Falls Sie schon von «heavy bondage» träumen, sollten Sie Experten zurate ziehen, einen entsprechenden Club oder Kurs besuchen und ansonsten eher im Land der Phantasie verweilen ... Heimwerker könnten fatale «Hoppalas» erleben!

- ***Cuffs**, d. h. **Handschellen:** Sie sind aus Metall oder Kunststoff. Vergessen Sie Billigware, die bestenfalls für ein Kostümfest taugt! Testen Sie, wie sie sich geschlossen am Handgelenk anfühlen, wie sie sich öffnen lassen und welchem Zug sie standhalten! Kenner kaufen die richtigen eher in einem Waffengeschäft.*
- ***Hand- und Fußfesseln:** Aus Leder oder Kunststoff, lose oder mit Ketten verbunden, ermöglichen sie viele Varianten der Fesselung. Achten Sie auf die Innenseiten! Raues Leder, Nähte oder Nieten können scheuern. Manche sind allerdings absichtlich mit kleinen Stacheln besetzt! Schlechte Verschlüsse und schwache Metallteile verderben bald den Spaß. Auspacken, anschauen, angreifen!*
- ***Halsbänder:** Merken Sie sich, dass der Hals eine extrem heikle Zone ist! Stricke, elastische Bänder oder Strümpfe haben dort nichts verloren, und auch bei Spielen mit Lederhalsbändern ist Vorsicht angesagt! Nehmen Sie sie erst einmal als erotischen Aufputz! Für Anfänger: Hände weg von Kombinationen, die den Hals mit Händen und Füßen verbinden!*
- ***Ketten:** Sind weitaus unbequemer als Lederbänder und dienen ebenfalls nicht nur zum Fesseln, sondern auch zum Schlagen. Handgeschmiedet klingt natürlich gut, aber eigentlich brauchen Sie nur auf die Kettenstärke und die geschlossene Form der Einzelglieder zu achten, abgesehen vom Öffnungsmechanismus.*
- ***Masken:** Von der einfachen Augenmaske bis zur Kopf-Penis-Verbindung gibt es eigentlich alles, was man sich in Stoff, Leder und Gummi erträumen kann. Dass Sie einer Braven nicht unbedingt mit Reißverschlüssen an Augen und Mund imponieren müssen, versteht sich von selbst. Heiß wird Ihnen bestimmt!*
- ***Klatschen, Peitschen und Co.:** Stellen ein breites Sortiment dar mit unterschiedlichster Wirkung und Anwendung. Grob gesprochen können Sie davon ausgehen, dass kurze, breite Riemen weicher auf der Haut auftreffen als lange, schmale. Unterschätzen Sie also nicht die Striemen, die eine normale Reitgerte auf Ihrem Gesäß hinterlassen kann! Apropos: Sportgeschäfte und Zoohandlungen führen viele Dinge, die sie dort günstiger und dezenter als in Sexläden erhalten ... Nachdenken und die Phantasie bemühen!*

Vom Gitterbett zum Doktorstuhl

Wenn Sie nicht ausnahmslos Wald und Flur für Ihre Liebespraktiken heranziehen, werden Möbel früher oder später eine Rolle in Ihrem Sexleben spielen. So mancher Stellungswechsel ist ohne entsprechendes Mobiliar gar nicht durchführbar. Wer aber schon einmal kläglich daran gescheitert ist, seine Liebste genau nach der Anleitung in einem Sexbüchlein auf einem Küchenhocker zu vernaschen, weiß, welch dicken Strich einem ungeeignete Tische, Betten und Kredenzen durch die Liebesrechnung machen können. Fesseln Sie doch einmal Ihre Brave an einen Futon! Oder versuchen Sie die «ungarische Beinschere» in einer Badewanne für Liliputaner!

Findige Köpfe haben sich schon zu allen Zeiten Möbel ausgedacht, die anderen Bedürfnissen als dem Stoffwechsel und der Ruhe dienen. Umgekehrt erzeugen manche Möbel erotische Phantasien, obwohl ihr Zweck weit entfernt von Liebesdingen liegt. Seltsamerweise sind es keineswegs die bequemsten Möbelstücke, die uns hin und wieder magisch anziehen oder ein erotisches Erlebnis im positiven Sinn unvergesslich machen. Da kann es schon passieren, dass eine schlecht lackierte Gartenbank durch die Erinnerung zum sexuellen Kultobjekt wird (samt den Splittern im Gesäß).

Natürlich wird nicht jeder sein Lieblingsstück aus pubertären Zeiten in die Ehe hinüberretten, doch wie heißt es so treffend: Ihr Tischler macht's persönlich ... Wenn Sie keinen in Ihrer Nähe haben, der Ihnen diskret einen Ohrensessel mit diversen erotischen Sonderfunktionen anfertigt, werden Sie entweder auf Messen oder in einschlägigen Magazinen fündig. Auktionen bieten Ihnen zuweilen ebenfalls die Gelegenheit, Plüschmöbel mit dem gewissen Flair oder Kinosessel, Spiegel usw. zu erwerben. Sofas mit besonders hohen Lehnen findet man auch eher unter den Antiquitäten ...

Manche Künstler haben sich der Kreation eigener Erotikmöbel verschrieben, die sich von einem modernen Einrichtungsgegenstand in ein den jeweiligen Gelüsten dienendes Objekt verwandeln lassen. Wer sucht, der findet alles: das Messingbett mit sehr stabilen Stangen, den Gebetsschemel, den Käfig und den Doktorstuhl (zum Bestellen).

Videos

Videos sind wohl der beliebteste Weg, um sich erotischen Varianten zu nähern, die man einmal ausprobieren möchte, oder dort mit der Bildung fortzufahren, wo man mit «Bravo» aufgehört hat. Und selbstverständlich wird vielen Braven so gezeigt, was der Liebste gern von Ihnen hätte. Zusammen daheim ein Video anzusehen, schafft eine intimere Atmosphäre als der Sexfilm im Kino. Zudem darf man ein schönes Getränk und das Bett in der Nähe haben. Leider stört die Idylle nur ein Gedanke:

Wer holt den Nachschub (an Getränken und Videos)? Wenn Sie noch keine Erfahrung mit der Materie haben, sollten Sie ein paar Dinge beachten:

- *Beginnen Sie mit einem Video aus einer guten Videothek und scheuen Sie sich nicht davor, den Verkäufer um Rat zu fragen! Videos halten nämlich nie ganz das, was das Cover verspricht.*
- *Sorgen Sie für eine gemütliche Atmosphäre! Ein Sexfilm beim Geräusch des Geschirrspülers hat eine seltsame Wirkung.*
- *Vergessen Sie Filme, die mit körperlichen Abnormitäten werben! Brav heisst weder «blind» noch «blöd», und Kunstgebilde nerven schnell.*
- *Für sehr Brave schaffen manchmal Filme aus den Siebzigern die nötige Distanz. Die unfreiwillige Komik löst die Spannung.*
- *Tun Sie Ihrer Partnerin den Gefallen und entscheiden Sie sich für Videos, die auch attraktive Männer zeigen!*
- *Bei Videos aus dem Handel sollten Sie einen Blick hineinwerfen, bevor Sie sie Ihrer Partnerin präsentieren. Damit vermeiden Sie unliebsame Überraschungen. Manchmal sind nur die Titel romantisch ...*
- *Keine «Home-Videos»! Da lernt man viel zu schnell, warum Frau Nachbarin kein Sex-Star ist.*
- *Sparen Sie sich Kommentare, außer Sie können damit ein Kompliment für Ihre Partnerin verknüpfen, oder es herrscht eine unangenehme Stille!*
- *Halten Sie von Anfang an Körperkontakt mit Ihrer Liebsten! Auf Sesseln getrennt ein Sexvideo anzusehen, hat wenig Sinn.*
- *Lassen Sie Ihre Partnerin ruhig die Darsteller und die Szenen kritisieren und zeigen möglichst keine besondere Vorliebe für eine Frau!*
- *Ein Film wirkt (gleich) oder eben nicht. Warten Sie die Reaktion Ihrer Partnerin ab, bevor Sie Ihrer Erregung nachgeben! Zum Trost: Manche Frauen werden erst Tage später «wild», wenn die Phantasie die Oberhand gewinnt.*

Videos, in denen man selbst Sexszenen ausführt, brauchen eine gründliche Vorbereitung. Private Videos können und sollen sich gar nicht mit professionellen messen. Der Unterschied ist noch erheblicher als bei Fotos. Wenn Sie sich vor Augen halten, wie Ihre Partnerin auf dem besten Foto im Vergleich zu den Models aus einem Hochglanzmagazin aussieht, dann können Sie abschätzen, wie viel technische Details und Kunstgriffe in einem Profi-Video stecken. Entweder setzen Sie Ihre Erwartungen entsprechend niedrig an, oder Sie treiben den nötigen Aufwand, um Ihre Träume halbwegs wahr zu machen. Gerade für eine Brave ist es sehr schwer, sich selbst auf einem Video (nackt, in allen möglichen Stellungen) zu sehen. Die Konfrontation mit den eigenen Unzulänglichkeiten fällt oft schmerzhafter aus, als man denkt. Und Brave haben hohe Ideale! Gewöhnen Sie Ihre Partnerin erst einmal an den Gedanken, ein Video zu drehen, indem sie Ihnen für Aktfotos Modell steht! Beachten Sie ein paar grundsätzliche Dinge:

- *Die Haut sieht viel schöner aus, wenn Sie kleine Makel mit Abdeckstift wegzaubern, Selbstbräuner und Massageöl verwenden. Haare entfernen! (Schamhaar trimmen!)*
- *Fußpflege nicht vergessen! Auf saubere Sohlen achten!*
- *Viel weiches Licht! Scharfe Schatten im Gesicht und auf Busen und Po vermeiden!*
- *Denken Sie an die verzerrende Wirkung je nach Einstellung der Kamera!*
- *Ein Drehbuch braucht man. Legen Sie die Szene bis ins Detail fest! Es sei denn, Sie lieben die komische Note ...*
- *Spielen Sie nicht endlos mit der Kamera und dem passenden Stativ, bzw. lernen Sie die richtige Handhabung und machen Sie aus, wer die Kamera wie halten soll!*
- *Proben Sie mit viel Geduld!*
- *Spontanvideos haben auch ihren Reiz, aber ein anspruchsvollerer Dreh kann (!) viel Spaß machen, und das Ergebnis erfreut sich längerer Beliebtheit.*
- *Der Ton ist das halbe Video. Stöhnen Sie mehr als sonst, üben Sie «dirty talking» und vermeiden Sie Störgeräusche!*

Videos und Fotos haben den Charakter von Dokumenten. Denken Sie daran, dass Sie zu einem späteren Zeitpunkt vielleicht keinen Zugriff mehr zu diesen Dingen haben und sich eventuell dafür genieren! Videos brauchen also eine ganz besondere Art des Vertrauens.

Aphrodisiaka

Sex ist zwar die «natürlichste Sache der Welt», aber nirgendwo sonst wird mit ähnlich viel Kunst, Künstlichkeit und Hokuspokus gearbeitet. Sex-Geheimnisse haben die Klugen für sich behalten, die Geschäftstüchtigen oder Hilfreichen in allen erdenklichen Formen weitergegeben. Von den Anfängen der Kultur bis zum letzten «Peep» werden uns erotische Ratschläge begleiten, und trotzdem spazieren wir im gleichen Kreis wie unsere Vorfahren. Was soll sich schon großartig ändern an der Suche nach dem «Kick»? Die Lehren des Tao haben heute genauso ihre Gültigkeit wie die eines Ovid, und chemische, technische oder psychologische Hilfen waren immer schon Bestandteil der Liebeskunst. Alle Dinge, die Einfluss auf das Sexualleben haben, werden gern entweder zu hoch bewertet, verteufelt oder als sinnlos abgetan. Aphrodisiaka bleiben folglich zweifelhaft.

Was könnte aber wirklich helfen, eine Brave ein wenig liebeslustiger zu machen?

- *Den wissenschaftlichen Untersuchungen haben nur wenige natürliche Substanzen standgehalten. Dazu zählen Ginkgo, Hafer,* ***Brennnessel****,* ***Zink, Yohimbin*** *und ein Stoff des Muirapuama-Baumes.*
- *Vanille, Moschus und Trüffeln duften ähnlich wie unsere Sexuallockstoffe, die* ***Pheromone****. Sie machen tatsächlich Lust auf Sex.*
- ***Pfeffer*** *in allen möglichen Formen wie Chili, Tabasco, Langer Pfeffer, Szechuan-Pfeffer usw. und Gewürze, die Senföle enthalten, wirken innerlich erwärmend, fördern die Durchblutung in der Genitalzone und haben als Salbe aufgetragen die Funktion, ein Brennen hervorzurufen, das zum Geschlechtsverkehr anregt.*
- *Versuchen Sie doch einmal, abwechselnd ein Hustenbonbon und die Brustwarzen bzw. die Klitoris Ihrer Liebsten zu lutschen!*
- *Ein Rosmarinbad und dann wenig* ***Ingwer*** *(frisch oder als Pulver), auf den Kitzler oder die Innenseiten der Schamlippen aufgetragen, macht die Brave heiß! Wenn sie's nicht freiwillig geschehen lässt, präparieren Sie Ihre Finger und streicheln Sie sie an den richtigen Stellen (Der Reiz setzt erst später ein)!*
- *Eine ähnliche Wirkung erzielen Sie mit der sparsamen Verwendung von Erkältungssalben auf Vaselinebasis.*
- *Lassen Sie das Kopfkissen nach Vanille usw. oder ganz dezent nach Ihrem Sperma duften!*
- *Die* ***Alraune****, der Hexen liebste Zauberpflanze, ist nicht leicht zu bekommen, giftig, entsprechend gefährlich, aber stark libidofördernd und enthemmend. Das Mittel schlechthin für Ihre Brave! Sie brauchen keinen Hund und keinen Zauberspruch, der richtige Versand liefert das Wunderding ins Haus.*
- *Sichtbare sexuelle Erregung eines Partners fördert die Lust des anderen. Sorgen Sie für die gewisse Wölbung zwischen den Beinen und glänzende Augen auch außerhalb des Bettes! (Sie werden wohl wissen, wie Sie dazu kommen!)*

Lachen verboten!

Obwohl Sex so viel Spaß macht und Sie das ja auch Ihrer Braven vermitteln wollen, hat **Humor** im Bett fast nichts verloren. Traurig, aber wahr. Freilich können Sie Ihre Liebste kitzeln, bis sie fast auseinander fällt, das Sexspielzeug unter launigen Kommentaren auspacken und Ihren Striptease ruhig zur Zwerchfellmarter ausbauen, aber in dem Augenblick, in dem Sie in Ihre Partnerin eindringen, müssen Sie Ihren Kasperl zurück in die Kiste beordern. Fröhlichkeit und eine blühende Phantasie gehören zwar zu den Topqualitäten guter Liebespartner, doch im Umgang mit eher zurückhaltenden Menschen darf nicht zu viel davon zum Vorschein kommen. Sie können es sich mit einer Braven im wahrsten Sinn des Wortes schnell verscherzen ... Lachen und Dummheiten treiben dürfen und sollen Sie sogar vor, nach dem und über den Sex. Bringen Sie Ihre Brave dazu, die lustige Seite bei durchaus ernsten Dingen zu finden und eine gehörige Portion Selbstironie zu entwickeln! Humor schärft einerseits die Sinne, andererseits entschärft er heikle Situationen. Für eine Brave kann er den Schlüssel zur Befreiung darstellen, wenn sie sich endlich selbst nicht mehr ernst nimmt. Beim Sex geben wir uns mehr oder weniger immer der Lächerlichkeit preis. Vergegenwärtigen Sie sich doch nur Ihre Grimassen oder den verkniffenen Po beim sexuellen Höhepunkt! Für einen Liebhaber, der sich in erotischen Dingen seiner Sache sicher ist und dem der Schalk im Nacken sitzt, bieten sich viele Gelegenheiten zum Lachen. Ganz besonders kritisch sind in dieser Hinsicht:

- *Alle Rollenspiele. Sparen Sie sich die geringste lustige Bemerkung! Sie ruinieren sich damit vielleicht für immer die Chance, Ihre Partnerin für diese Erotikvariante zu begeistern.*
- *Erotische Stellungen, bei denen sich die Partner sehr lange mit Blickkontakt gegenübersitzen. Durchatmen und Augen zu!*
- *S/M-Praktiken, die dem aktiven Partner Zeit zum Nachdenken lassen bzw. viel körperliche Distanz mit sich bringen.*
- *Sex an ungewohnten Orten, die mit Überraschungen aufwarten können.*
- *Sex unter Drogeneinfluss («magic mushrooms» usw.!)*

ZWISCHEN HIMMEL UND HÖLLE

Ausflüge in Grenzbereiche

Sexuelle Experimentierfreude grenzt fast immer an Gebiete, die entweder mit einem Tabu belegt oder vom psychologischen Standpunkt mehr als bedenklich sind. Zwischen Spaß am Verkleiden und Transvestie liegen Welten, eine Vorliebe für hochhackige Pumps ist noch lange kein **Fetischismus,** und eine wilde Nacht mit dem gleichen Geschlecht bedingt kein homophiles Outing. Aber Sex konfrontiert uns mit der Welt des Unter- und Unbewussten, besonders dann, wenn wir uns auf Spiele einlassen, die die Vernunftsteuerung nach und nach ausschalten und uns den puren Trieben ausliefern.

Jene Urkräfte zu spüren und ein großes Stück der eigenen Seelenlandschaft kennen zu lernen, ist eine Bereicherung des Lebens, und die gemeinsame Erfahrung stellt natürlich eine Möglichkeit einer intensiveren Bindung dar. Einerseits, weil für solche Grenzgänge ein weitaus höheres Vertrauen als für sanftere Spielarten vorausgesetzt wird, andererseits, weil das Paar ein erotisches Geheimnis teilt, das es gegen andere abgrenzt. Sex wird zu etwas ganz Speziellem, das einem scheinbar nur dieser Partner geben kann.

Grundbedingung für den Schritt ins Abenteuer ist nicht nur das Einverständnis der Liebsten, sonders deren eigene Lust am wilderen Spiel. Reines Einverständnis darf als bloßes Nachgeben gewertet werden und entpuppt sich im Nachhinein oft als fatal. Also warten Sie lieber lange genug, bis Ihre «Brave» wirklich von selbst in diese Richtung drängt! Andeuten dürfen Sie ruhig schon einmal …

Zu den beliebtesten erotischen Varianten im Grenzbereich zählen **sadomasochistische Spiele**. Sie sind deshalb im Grenzbereich anzusiedeln, weil sie einen schillernden Übergang zu Sexpraktiken haben, die gefährliche Züge aufweisen. Wie immer gilt auch hier die Regel: Alles, was der Partner mit Freude und ohne den geringsten psychischen Druck mitmacht und was keinerlei gesundheitsschädigende Folgen hat, ist erlaubt. Der Einstieg in diese erotischen Spiele sollte gerade bei einer Braven nicht zu krass ausfallen.

Schon minimale Tricks können überhaupt einmal zeigen, ob beide Partner Spaß an der Sache finden werden. Probieren Sie zum Beispiel Folgendes:

- *Verbinden Sie Ihrer Partnerin mit einem dunklen Tuch die Augen!*

***Angst-Lust** beginnt bereits hier.*

- *Wenn sie mag, fesseln Sie sie ganz leicht mit einem Schal an den Handgelenken!*
- *Necken Sie sie, indem Sie ihr alle möglichen Dinge vortäuschen, z. B. sagen Sie ihr, dass Sie ihr die Schamhaare abschneiden, dabei kürzen Sie maximal die Spitzen! Oder Sie behaupten, ihre Klitoris mit einer furchtbar scharfen Substanz einzureiben, dabei tragen Sie nur eiskalte **Vaseline** auf. Die **Phantasie** malt sich in der Dunkelheit unglaubliche Sachen aus! Rechnen Sie und spielen Sie damit!*
- *Verwandeln Sie Lausbubenspiele in S/M-Vorstufen, indem Sie Ihre Brave im Wald verfolgen, sie mit einem kleinen Zweig «versohlen» und ihr androhen, sie festzubinden oder übers Knie zu legen! Lassen Sie Ihre Brave aber immer merken, dass Sie spielen und scherzen!!!*
- *Fangen Sie so früh wie möglich an, die Rollen zu tauschen! Aber greifen Sie nicht zu schnell vor und präsentieren Sie Ihr Hinterteil keinesfalls erwartungsvoll, wenn Ihre Brave noch weit davon entfernt ist, Ihnen mit Klapsen Lust zu bereiten!*
- *Nützen Sie Alltagssituationen aus, die mit ein bisschen Phantasie schon den Anklang an Machtspielchen haben! Zum Beispiel können Sie eine «Serviceleistung» (Hilfe beim Anziehen, in der Küche usw.) ausbauen. Das ist oft erregender als geplante Akte.*
- *Erinnern Sie Ihre Liebste mit schriftlichen Botschaften schon am Morgen daran, was sie eventuell am Abend erwartet! Das erzeugt ein lang anhaltendes Kribbeln …!*
- *Kerzenwachs auf nackte Haut getropft klingt arg, wenn Sie es ankündigen, ist aber völlig harmlos, solange Sie behutsam vorgehen, da es blitzschnell abkühlt. (Haare zuvor mit Öl präparieren, sonst kommen Sie zu einer unfreiwilligen Enthaarung!) Brustwarzen und Schambereich anfangs sicher auslassen!*
- *Der Hals gehört zu den empfindlichsten Zonen. Hüten Sie sich davor, Ihre Partnerin dort anzufassen! Das erzeugt Albträume!*
- *Ein «Aus»-Signal (unverwechselbar!) muss vom ersten Augenblick an vereinbart sein.*

- *Vergewissern Sie sich immer, dass Sie jede* ***Fessel*** *blitzschnell auch im Dunkeln lösen können! Sperren Sie nie das Blut ab!*
- *Versuchen Sie sich nicht an* ***Fesselungskünsten****, wenn Sie keine Erfahrung haben!*
- *Probieren Sie alles zuerst einmal auf Ihrer Haut aus und denken Sie daran, dass die Ihrer Partnerin wesentlich empfindlicher ist!*
- *Wenn Sie schon die berühmte* ***Peitsche*** *gebrauchen wollen, lernen Sie zielen! Und fangen Sie ganz langsam, nur mit Andeutungen an! Erkunden Sie die heiklen Stellen, die oft gar nicht als besonders sensibel erachtet werden!*
- *Bleiben Sie so lange wie möglich auf der ersten Stufe und kehren Sie immer wieder dorthin zurück!*
- *Lassen Sie solche Spiele Ausnahme sein, um genügend Raum für andere erotische Varianten zu haben!*

Für den Anfang brauchen Sie kein **Sexspielzeug**, das würde eine Brave nur abschrecken. Alltagsgegenstände sind vertrauter und zwingen die Phantasie, aktiv zu werden. Machen Sie sich klar, dass Sie nicht blindlings einer Modeströmung folgen, mit der vielleicht weder Sie noch Ihre Partnerin im Grunde Ihres Herzens einverstanden sind!

In Grenzbereiche vorzudringen, bedeutet immer ein Wagnis. Da kann ein harmloses Experiment schneller zu einem Höllentrip werden, als man glaubt. Frühkindliche Erfahrungen und andere längst begrabene oder nie erkannte Seelennöte kommen vielleicht ans Licht, die ein Gute-Nacht-Kuss nicht wegzaubern wird.

In diesem Zusammenhang muss erwähnt werden, dass gerade der **S / M-**Bereich, der ja enorm an Popularität gewonnen hat, nicht ganz das Kinderspielchen ist, als das man ihn oft ansieht. Die Kombination **Angst-Lust** und Sex-Gewalt birgt viele Fallen. Selbst wenn Sie von einem mehrfach deklarierten Einverständnis Ihrer Partnerin ausgehen und alles den Charakter eines launigen Theaters hat, bleibt die Gefahr einer psychischen Verletzung, deren Ausmaß Sie gewiss nicht abschätzen können. Stellen Sie sich nur einmal vor, Ihre «Brave» ist von der Idee begeistert, Sie in der Rolle der Gouvernante ordentlich übers Knie zu legen. Sie freuen sich, nehmen die Kindersprache an, entblößen Ihr Hinterteil und bekommen keinen Funken davon mit, wie sich die Stimmung Ihrer Partnerin wirklich «schlagartig» wandelt. Vielleicht registriert sie mit Entsetzen, wie gern sie Sie schlägt und welch gewalttätiger Zug sich in ihr breit macht. Sie kann einen tiefen Blick in die Abgründe ihrer Seele riskieren, und sobald die Selbstreflexion einsetzt, verlieren Sie Ihr Gesicht: In den Augen Ihrer Partnerin werden Sie zu einem lächerlich wimmernden Kerl, der über ihrem Schoß liegt und ihr den Hintern entgegenstreckt. Kurze Überlegungen zum psychologischen Hintergrund dieses Spiels und Ihrer Vergangenheit tilgen dann noch den letzten Rest an Lust. Umgekehrt kann die massive Erfahrung mit der eigenen Triebwelt zu einer Suche nach immer größeren Reizen werden. Und wehe, wenn die Partner nicht gleichermaßen reagieren! Die Schmerzempfindlichkeit sinkt mit der Zeit, und so müssen entweder neue Methoden oder eine höhere Dosis zum Lustgewinn dienen. Nichts wird schneller langweilig als ein häufig praktiziertes S / M-Ritual ohne Varianten, speziell sogar für den gebenden Partner, und bekannterweise ist die Lustverteilung gerade bei S / M-Praktiken schwierig. Der Teufelskreis beginnt, wenn sich die Befriedigung immer später einstellt und die Phantasie immer drastischere Mittel erfindet. Der Weg vom leicht geröteten Gesäß zum genadelten Penis ist zwar weit, aber gangbar. Auch für Sie kann es sehr unangenehm werden, wenn Sie feststellen, dass Ihre «Brave» nur noch beim Fesseln und Knebeln richtig in Fahrt kommt und die Durchführbarkeit ihrer exotischen Wünsche hart an Ihre Grenzen stößt.

Von Perversion will zwar heute kaum jemand sprechen, wenn es sich um **S / M** und verwandte Praktiken handelt, doch Tatsache bleibt, dass derartige Neigungen nur allzu häufig eine kranke Seele spiegeln und sexuelle Gewalt – angedeutet oder ausgeführt – mit humanitären Idealen nicht vereinbar ist. Natürlich müssen Sie nicht gleich das Verhältnis zu Ihrer Mutter argwöhnisch unter die Lupe nehmen, wenn Sie Spaß daran haben, Ihre Partnerin kunstvoll zu fesseln. Genauso wenig braucht sich Ihre Partnerin, die gern gefesselt wird, eine unglückselige Prägung beim Indianerspielen einreden, aber ein gut bestückter Folterkeller gehört noch lange nicht zum Standardprogramm bei Fertighäusern ...

Zum «Wildmachen» einer braven Partnerin ist es freilich komplett überflüssig, in Grenzbereiche vorzudringen, wenn Sie ausreichend Vergnügen in der «normalen» Erotik finden. Pure Neugier Ihrerseits, der Drang, die Seele Ihrer Partnerin zu erforschen, oder die Lust, sie zu provozieren, sind dafür äußerst fragliche Beweggründe.

Ein Grenzbereich, der vorschnell den homophilen Kreisen zugeordnet wird, ist beispielsweise die **Travestie**. Männlich-weiblicher Rollentausch im äußeren Erscheinungsbild bedeutet häufig einen größeren Tabubruch als die Vorliebe für härtere S/M-Praktiken. Daher ist es gar nicht so leicht, dieses Thema in eine Beziehung einzubringen. Am ehesten haben Sie Erfolg, wenn Sie Ihre Partnerin über den Umweg des Verkleidens zu einem bestimmten Anlass (Party, Theater usw.) in die Nähe Ihrer Sehnsüchte bringen und sich von dort Schritt für Schritt vortasten, ohne gleich ein umfassendes Geständnis abzulegen. Lassen Sie alles so lange wie möglich als Spiel oder Extravaganz laufen, zur Not deklarieren Sie sich als Künstler! Egal, ob Sie nun derjenige sind, der sich gern verkleidet, oder ob Sie Ihre Partnerin in einer bestimmten Aufmachung sehen möchten. Künstler dürfen sich besonders bei Braven viel erlauben! Ähnliches gilt auch für bestimmte Arten des Fetischismus, die sehr rasch pathologische Züge annehmen können und nicht nur die Braven in die Flucht schlagen …

Schön gefährlich

Zur Natur des Menschen gehört die Freude an Grenzüberschreitungen, der Kick, der den Adrenalinspiegel kurzfristig in die Höhe treibt. Und was beim Sport alltäglich ist, hat auch beim Sex seine Berechtigung. Sich in der Nähe einer Gefahr zu wissen, die sogar lebensbedrohend werden kann, sorgt zweifelsohne für eine außerordentliche Nervenanspannung und damit verbunden auch für einen sexuellen Reiz.

Zu den Lieblingsspielchen, die für einen Erotik-Kick der besonderen Art sorgen, zählen:

- *Sex unter der Gefahr, von anderen Personen dabei ertappt zu werden und mit Beeinträchtigungen des Lebens rechnen zu müssen (Sex mit einem gebundenen Partner oder an öffentlichen Orten);*
- *Sex unter der Bedrohung von Naturgewalten (die wildromantische Gewitterszene, Sex im sinkenden Boot …);*
- *Sex unter Einwirkung von Mitteln, deren Wirkung auf Körper und Psyche nicht genau abgeschätzt werden kann (z. B. bewusstseinserweiternde **Aphrodisiaka**).*

Während es noch ein relativ harmloses Vergnügen ist (abgesehen von der Strafe für Erregung öffentlichen Ärgernisses), sich in einem Zugabteil wild zu lieben, können einem erotische Abenteuer wie Sex mit der Frau vom Chef (eine Brave!), vielleicht noch auf dessen Yacht bei Windstärke zehn, teuer zu stehen kommen …

Natürlich klingt der Gedanke verlockend, mit nichts als einem Pelzmantel oder Trenchcoat bekleidet über einen nächtlichen Stadtplatz zu spazieren, und zum Nacktbaden reizen Brunnen in Parkanlagen oder Schwimmbecken fremder Leute mehr als FKK-Zonen, wenn man gerade frisch verliebt ist, aber leider zeigt die Umwelt meist wenig Verständnis. Aber ein prickelndes Abenteuer bringt eben auch in «alte» Beziehungen den lang vermissten **Phenylethylamin**-Stoß!

In ihrer Gefahr weit unterschätzt werden leider auch zahlreiche pflanzliche **Aphrodisiaka**, die gern im Freundeskreis die Runde machen. Viele so genannte «Hexenkräuter» bringen aus Mangel an botanisch-pharmakologischem Wissen keineswegs einen hoch erotischen Effekt (es sei denn, Sie verstehen darunter Diarrhöe oder Spasmen), sondern oftmals eine akute Lebensbedrohung. Bilsenkraut, Stechapfel & Co. haben schon manchen Mediziner im Selbstversuch nicht in die Luft, sondern unter die Erde katapultiert, und Hobbyhexer auf Erotikkurs sowie Anhänger der tropischen Wundermittel sollten tunlichst ihre Finger davon lassen, wenn sie einen anderen Menschen beglücken wollen! Allerdings hat ein echter Pflanzenkenner etliche Schlüssel zu herrlichen Erfahrungen auf dem Gebiet der Erotik in Händen, denn es gibt tatsächlich «Zauberkräuter», die einerseits auf die Sexualorgane, andererseits auf die Psyche wirken. Es wären sogar solche darunter, die eine Brave wenigstens für eine Nacht ganz schön wild machen könnten. Da hilft nur eines: einen solchen Experten suchen oder selbst einer werden ...

Stärkere Aphrodisiaka aus Afrika, Mittel- und Südamerika werden nicht nur in Büchern gut beschrieben, sondern auch bei uns im Handel angeboten. Die meisten davon haben allerdings den Nachteil, dass sie eher den Mann betreffen.

Die auch als **Liebesdrogen** verwendeten Substanzen **Cannabis, Amylnitrat, Kokain, Opium oder Ecstasy** können zweifelsohne Einfluss auf das sexuelle Empfinden nehmen, doch ihre Wirkung auf das Zentralnervensystem, abgesehen von der Gefahr der Abhängigkeit und der Gesetzesübertretung, darf nicht allzu positiv gesehen werden. Naja, die Blumenkinder und ein paar andere Leute müssen jetzt sicher schmunzeln ... Wenn Sie Ihre Brave unbedingt mit Hilfe von Wundermitteln wild (oder schwach) werden lassen möchten, gibt es genügend andere Möglichkeiten (siehe «Geheimnisse»).

Das magische Dreieck

Kaum ein Mann entkommt der Phantasie vom «**flotten Dreier**» und meint damit meistens zwei Mädchen, die ihm alles abverlangen und ihn bei ihren Spielen als Zuschauer dulden. Es ist daher nicht verwunderlich, dass lesbische Szenen das beliebteste Sujet der Erotikdarstellungen sind. Viele Männer denken bei der Vorstellung, Ihre «Brave» wild zu machen, in letzter Konsequenz daran, sie für ein Intermezzo zu dritt vorzubereiten. Und welch große Schar von Männern wäre glücklich, wenn ihre Partnerin eine andere Frau im Bett akzeptieren könnte! Bei den «Spezialisten» gehört dieses Kunststück zur Meisterprüfung in der Disziplin der Verführung. Auch Sie sollten sich daher nicht gerade diese Variante als Test für die Wildheit Ihrer Partnerin zum Ziel setzen! Zwei Frauen, die sich mit Ihnen das Bett und vielleicht gar das Leben teilen und sich mögen, stellen absolute Ausnahmeerscheinungen dar, denn nicht einmal religiöse Traditionen, hochstilisierte Künstlerbiographien oder pseudosoziologische Experimente können darüber hinwegtäuschen, dass Frauen ihre Geschlechtsgenossinnen lieber in gebührendem Abstand von ihrem Partner sehen. Trotzdem liegen jene Männer nicht falsch, die vielen Frauen eine Bereitschaft zum Flirt mit dem gleichen Geschlecht nachsagen. Aber bis Ihre Partnerin so «wild» ist, dass sie ihre Freundin zum Schäferstündchen mitbringt, haben Sie noch viel zu tun, – und dann vielleicht das Nachsehen ...

Für alle, die sich allen Warnungen zum Trotz nicht mit der reinen Phantasie begnügen wollen, ein paar Ratschläge:

- *Vergessen Sie die beste Freundin Ihrer Partnerin! Das geht mit hoher Wahrscheinlichkeit schlecht aus.*
- *Noch gefährlicher die Mutter-Tochter-Variante!*
- *Frauen, die selbst so etwas vorschlagen, wollen Sie damit oft nur testen! Vorsicht!*
- *Konfrontieren Sie Ihre Partnerin nicht mit der nächstbesten Lesbe aus Ihrem Bekanntenkreis, nur um sie zu testen!*
- *Der One-Night-Stand mit der Unbekannten ist für Sie und Ihre Partnerin immer noch besser als Verwirrspiele unter Freunden.*
- *Die Wahl hat Ihre Partnerin, nicht Sie! Haben Sie genug Geduld, auf eine Gelegenheit zu warten, bei der sich die Frauen in einem größeren Kreis näher kommen können, bevor Sie ein – peinliches – Treffen arrangieren!*
- *Spielen Sie nicht den König, der sich zwei Frauen hält! (Auch nicht für zwei*

Stunden!) Lassen Sie den Frauen lieber ein gemeinsames erotisches Vergnügen, bei dem Sie nur eine Randerscheinung sind!

▶▶| *Schrauben Sie Ihre Erwartungen herunter! Nichts spielt sich so ab wie in Ihrer Phantasie oder im Film!*

Sollten Ihre **Phantasien** von Dreien im Bett etwas anderes meinen, müssen Sie wissen, dass die meisten Frauen lesbische gegenüber homosexuellen Szenen bevorzugen, also der zweite Mann im Bett wahrscheinlich noch etwas unbeliebter ist als die Frau, vorausgesetzt, dass Sie mit ihm ebenfalls etwas anstellen wollen und er nicht das «Gastgeschenk» an Ihre Brave ist.

Vom Partnertausch zum Orgienrausch

Der Schritt vom «flotten Dreier» zum Partnertausch ist nicht weit, und von dort zu einer «**Orgie**» führt nur noch ein kurzes Stück. Nichtsdestotrotz braucht die Verwirklichung dieses Traums eine lange Vorbereitung und viel Überlegung, vor allem aber eines: Ehrlichkeit sich selbst und dem Partner gegenüber. Hier wird der kleinste Gefallen, den man seinem Partner aus Liebe oder Verlustangst tut, zum Stolperstein für die Beziehung. In der Theorie mag ja die Trennung zwischen körperlicher Lust und seelischer Verbundenheit auch für Frauen gut funktionieren, doch meist läuft das «**Swingen**» hart an der Zumutbarkeitsgrenze eines Partners, besonders, wenn der Partnertausch nicht heimlich, sondern sogar im selben Raum erfolgt. Wollen Sie Ihre «Brave» tatsächlich zur Verwirklichung derartiger Phantasien bewegen (sofern sie von ihr ausgehen, sollten Sie ernsthafte Zweifel an der Aufrichtigkeit Ihrer Partnerin und Ihren eigenen Liebhaberqualitäten hegen!), beachten Sie ein paar Dinge:

- *Vermeiden Sie den **Partnertausch** im engeren Freundeskreis, es sei denn, Sie sind schon ein «eingespieltes» Team, zu dem Ihre «Brave» kommt!*
- *An einem fernen (Urlaubs-)Ort mit eigentlich Fremden, denen man im Alltag nicht begegnen wird, bleibt die Möglichkeit größer, einen eventuellen Flop als misslungenes Experiment abzuhaken.*
- *Muten Sie Ihrer «Braven» trotz der vereinbarten Trennung von Lust und Liebe weder einen Sexpartner zu, mit dem Sie sonst nicht einmal einen Kaffee trinken würden, noch eine Gespielin, der gegenüber sie sich unterlegen fühlen könnte!*

- *Hüten Sie sich vor insgeheimen Vergeltungsaktionen (du hast den Döner-Tarzan, also gönn ich mir die Fettsteiß-Jane)!*
- *Bevor Sie einen Club besuchen, sollten Sie sich selbst ein Bild von der dortigen Atmosphäre machen (meist leider nur mit anderer Partnerin möglich) und sich weniger auf Beschreibungen verlassen! Für eine Brave kann vieles enorm abschreckend wirken …*
- *Lassen Sie Ihre «Brave» einmal mit einem Bekannten «Zaungast» sein, damit sie sich ohne den Druck Ihrer Gegenwart ein Bild machen kann!*
- *Glauben Sie ja nicht an Anonymität! Beim «Swingen» wird die Welt rasch klein …*
- *Behalten Sie das Gesundheitsrisiko stets im Auge!*
- *Frauen haben bekannterweise ein besseres Gedächtnis für gewisse Dinge, Feinde auch …*
- ***Swingen** kann sehr viel Spaß machen und eine Bereicherung für das Sexleben darstellen, doch manchmal kommt einem beim ersten Mal schon einiges abhanden, z. B. die Lust oder die Frau …*

Kaum ein Wort aus dem Erotikbereich hat einen derart magischen Klang wie «**Orgie**». Es begleitet uns vom Geschichtsunterricht über Kostümfilme bis zu Phantasien von schwarzen Messen usw. Sex mit und unter vielen hat einfach schon als Idee eine berauschende Wirkung. Die große Frage bleibt meist: Wie kommt man dazu? Eine Pyjama-Party endet ja höchst selten direkt in einer Orgie, wo schöne Knaben auf gehalfterten Frauen reiten und die Nachbarn sich zu nackten Pyramiden arrangieren. Aber natürlich sind Orgien auch keine Hirngespinste längst verstorbener Künstler. Orgien gibt's in feinen Clubs genauso wie im Schrebergarten. Ob Sie nun nackt zwischen den Radieschen herumpurzeln oder in der so genannten «Sauna», hängt letzten Endes von Ihren Kontakten und Ihrem Geldbeutel ab – ja, und freilich davon, wie weit Ihre Brave mit Ihnen geht! Wie Sie's schaffen, eine Brave zu einer Orgie zu überreden? Hm, sofern Ihre Brave keine schauspielerischen Ambitionen hat und Sie weder Regisseur noch Produzent sind, kann man Ihnen schwer raten, etwas von einer netten Party mit wichtigen Tieren und tierischen Wichteln zu erzählen. Aber ankündigen sollten Sie so etwas nie. Auch wenn Sie bestens Bescheid wissen, lassen Sie den Dingen lieber ihren Lauf und warten ab, wie Ihre Liebste reagiert! Keine Selbstinszenierungen!

Orgien haben in den tantrischen Lehren ebenfalls einen gewissen Stellenwert. Hier spiegelt sich noch der religiös-mystische Ursprung, der in einer orgiastischen Vereinigung ein Miterleben und Mitgestalten der

Schöpfung sieht. In vielen indischen Feiern leben diese Traditionen (in abgeschwächter, meist nur noch symbolischer Form) weiter. Aber auch Neu-Einsteiger in den **Tantrismus** versuchen über den Weg der Orgie Erfahrungen mit Energien zu machen, wie sie nur unter diesen Ausnahmebedingungen entstehen. Sex in der Gruppe kann tatsächlich rauschartige oder raum-zeitlose Sensationen hervorrufen und bewirken, dass sich die Teilnehmer unter den rasch fallenden Hemmschwellen frei und mit dem ganzen Universum liebend verbunden fühlen. Das «Gleichheitsempfinden» lässt die Menschen sexuelle Grenzen überschreiten, die sie sonst nie antasten würden. So öffnen sich komplett neue erotische und spirituelle Welten. Für eine Brave wäre es wahrscheinlich der angenehmere Weg, **Gruppensex** als ein mystisch angelegtes Ritual zu erleben und eventuell die Chance auf eine herrliche Erfahrung weit über das Körperliche hinaus zu haben, statt Opfer einer ausschweifenden Party zu werden. Doch zuvor sollten Sie sich überhaupt einmal mit den östlichen Lehren anfreunden.

Was Sie besser bleiben lassen

Eigentlich müssten unter dieses Thema schon Partnertausch und ähnliche Phantasien fallen, weil einfach das Risiko, dass Sie sich selbst und Ihrer Partnerin zu viel zumuten, sehr hoch ist. Und einen harmlos-spielerischen Einstieg wie etwa bei **S / M,** wo Sie ja den Übergang bei einer Balgerei ansetzen können, finden Sie weder beim **Dreier** noch beim **Swingen**. Das Vertrauen, die Grundvoraussetzung für den ersten Schritt in eine «wildere» Richtung, wird aufs Äußerste strapaziert. Darüber hinaus mangelt es freilich nicht an weiteren Vorstellungen, die Sie besser für sich behalten, auch wenn sie für Sie der Gipfel eines gemeinsamen Sextraums wären.

Zum Beispiel lehnen viele ganz und gar nicht brave Mädchen einige Analpraktiken oder Extreme wie **Fisting** oder jegliche Art von Rollenspielen ab, die dem Mann kindliche Züge verleihen. Vergessen Sie's lieber gleich! Und folgende «No»s sollten Sie eigentlich längst kennen:

- ✕ *Videos mit Omi-Sex*
- ✕ *Absichtliche Hygienemängel (Zähne, Zehen usw.), um die Standfestigkeit Ihrer Braven zu überprüfen.*
- ✕ *Sex mit dem besten Freund / der besten Freundin*

- *Drogenexperimente*
- *Brechen von religiösen Tabus (also keine Altarnummer usw.!)*
- *Sex mit Gewalt (Ignorieren Sie in diesem Fall alles, was Sie über geheime Sehnsüchte der Frauen hören!)*
- *Sex und Todessymbolik (an Halloween, naja ...)*

DIE HOHE SCHULE

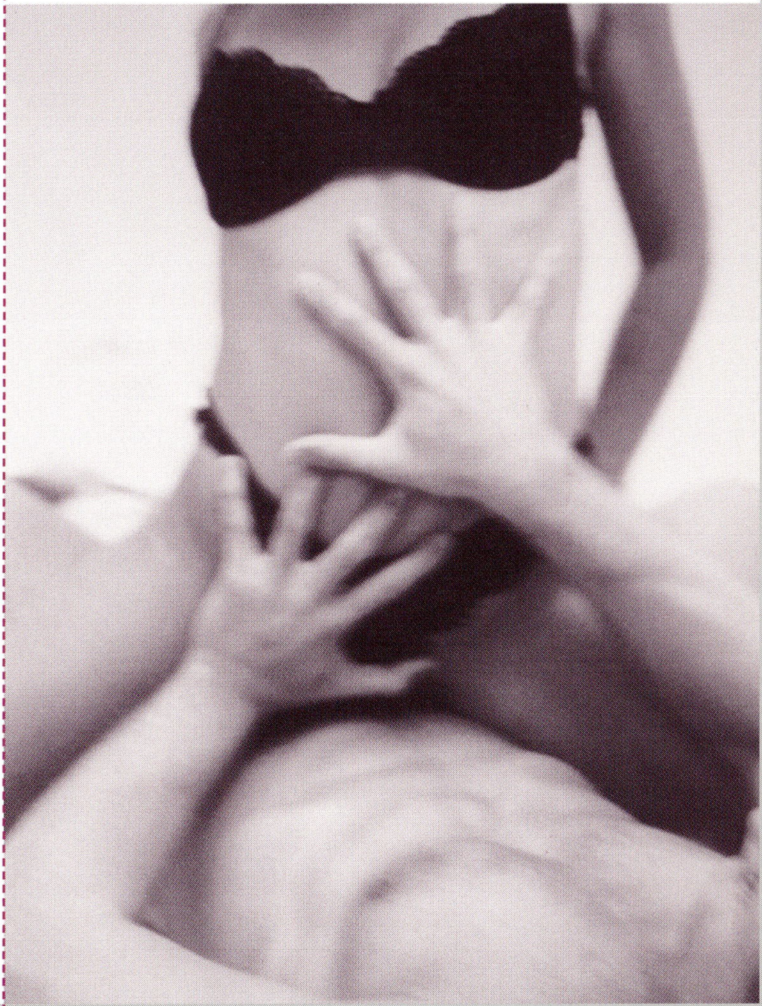

Verführung als Meisterstück

Geht Ihnen das Herz auf, sobald Sie Henry de Montherlant lesen? Und jagen wohlige Schauer über Ihren Rücken, wenn Glenn Close und John Malkovich ihre «Gefährlichen Liebschaften» spinnen? Gibt es nichts auf der Welt, das Ihnen mehr Spaß macht, als ein braves Mädchen (mindestens volljährig) zu «verderben»? Dann betrachten Sie den Prozess der Verführung wahrscheinlich wie ein schönes Kunststück, das den Wert einer Beziehung bei weitem übersteigt. Mit der «sexuellen Revolution» ist leider die romantische Figur des Verführers aus Passion von der Bildfläche verschwunden, und bis heute bleiben jene Männer eine Minderheit, die nicht vom Testosteron getrieben, sondern aus eigentlich «künstlerischen» Ambitionen – sie würden ja am liebsten einen Film über jede Eroberung präsentieren – sexscheue in «geile» Mädchen verwandeln. Ihnen geht es nie um die rasche Triebbefriedigung oder eine unglückliche Suche nach der idealen Frau, sie ergötzen sich am Sieg des so genannten Bösen über das Gute. Sie unterscheiden sich von den üblichen «Weiberhelden» dadurch, dass sie das schier Unerreichbare am meisten reizt und mit dem Widerstand der Braven die Begehrlichkeit steigt, während sie bei reinen Abschleppern schnell schwindet. Die Lust entspringt einem intellektuellen Reiz und hat durchaus anarchische Züge. Verführer aus Passion lieben und schätzen Frauen, *doch über allem triumphiert der Genuss, ein Mann zu sein.*

Das Kunststück, das passionierte Verführer vollbringen, lässt sich im Grunde mit einem Geschlechtsakt vergleichen, bei dem der Liebhaber seine Partnerin so lange manuell und oral in Fahrt bringt, bis sie nur noch eines will: die endgültige Vereinigung. Und das ist genau der

Punkt, an dem sich der Verführer verabschiedet. Er kehrt dem braven Mädchen dann den Rücken zu, wenn es eigentlich am «wildesten» zu agieren beginnt. Das Werk ist abgeschlossen, und er wird nie in die Verlegenheit kommen, ein langweiliger Liebhaber geworden zu sein.

Die Spezialisten

Die wahren Verführer, denen nichts an monogamen Beziehungen gelegen ist, haben seltsamerweiser doch sehr oft eine Frau im Hintergrund, die über einen großen Zeitraum, oft das ganze Leben als Ruhepol fungiert und die komplette Sammlung der «Kunststücke» vorgeführt bekommt. Nicht selten ist sie in die Machenschaften des Verführers involviert, zum Beispiel als gute Freundin, um das Vertrauen des braven Mädchens aufzubauen.

Spezialisten erkennt man an der Akribie, mit der sie an die Sache herangehen. So sicher sie längst wegen ihrer Erfahrung sein könnten, so sorgfältig überprüfen sie jedes Detail. Das liegt daran, dass sie immer spielen und alles inszenieren, als wäre tatsächlich eine Kamera auf sie gerichtet. Sie beherrschen die Sekunden-Analyse ihres Gegenübers gleich gut wie begnadete Wahrsager und haben keine Skrupel, das Blaue vom Himmel herunter zu erzählen. Die Lüge und die Phantasie sind die Waffen der Spezialisten, die sie für ihre Selbstdarstellung brauchen. Ein echter Spezialist beherrscht sie dermaßen, dass er im Augenblick der Verführung die Dinge glaubt, die er von sich gibt. Wenn er zum Beispiel seiner Partnerin vom «einzigartigen Klang ihres Namens» vorschwärmt, ist er von dieser Aussage vollkommen überzeugt, auch wenn er zuvor schon drei Namensschwestern im Bett gehabt hat. Enorme Flexibilität und Risikobereitschaft zeichnen ebenfalls den Spezialisten aus, der im Notfall einen Pfandleiher beansprucht, nur um seine Liebste auf einen Kaffee nach Paris einzuladen. Hinzu kommt eine Ausdauer, mit der Konkurrenten nicht mithalten können. Eindruck schinden auf Teufel komm raus, unendlich viel Zeit für die Liebste aufbringen, sie mit Aufmerksamkeit und Überraschungen bei Laune halten wie kein Zweiter, sie dreist belügen und nicht die geringsten Zweifel am eigenen Tun hegen, das können nur Spezialisten. Sie sind einfach davon besessen, aus einem braven Mädchen eine tolle Geliebte zu machen, eine Kreation aus Meisterhand.

Mit List zur Lust

Ein echter Verführer scheut nicht davor zurück, sich als Arzt oder Psychologe auszugeben, wenn es das ist, was die Brave gerade braucht. Nie zeigt er ein anderes Interesse als an der Seele der Braven, bis sie anfängt, ihn zu verführen.

Zu den Standardtricks zählen etwa folgende:

- *Ein passionierter Verführer bietet einer Braven ein eigenes «Bett der Unschuld» an, während er ins «Bett der Lust» steigt. Nicht lange, und die Brave kommt nach …*
- *Er handelt nach der Devise «It's now or never» und beeindruckt mit Blitzaktionen voller Romantik, besonders wenn der Braven Zweifel kommen. Nacht-und-Nebel-Trips, Überraschungsgeschenke, purer Luxus usw. …*
(Die Aussicht auf ein Frühstück bei Tiffany's lässt so manche Brave die Nacht in einem Lotterbett verbringen. Ein guter Verführer hält entweder tatsächlich bis N. Y. durch oder zumindest bis zum Flughafen, wo ihn ein fingierter Anruf erlöst.
- *Er bezeichnet sich selbst als «**Erotomane**» oder gibt an, von einer Frau verführt und hoffnunglos geprägt worden zu sein. Die braven Krankenschwestern werden sofort mit der Therapie beginnen …*
- *Er sorgt stets dafür, dass diverse Ex-Geliebte und andere Frauen irgendwo präsent sind, die sehr erotisch wirken, damit die Brave angestachelt wird. Auch alte Briefe (echt oder fingiert) mit Anspielungen auf sexuelle Varianten erfüllen denselben Zweck.*
- *Die «lieben» Zufälle: Das Wochenendhaus, das ein Freund zur Verfügung stellt, ist offensichtlich eine «Lasterhöhle», der Verführer ahnungslos. Das romantische Video entpuppt sich als Porno, «jetzt können wir's auch zu Ende ansehen» … Wieder eine nette Freundin sucht gerade Aktmodelle, die Brave wäre genau ihr Typ, die Fesselungsszenen ein Beitrag für die Kunst usw. …*
- *Das Bad in oder mit Champagner und Kerzenschein (je nach Finanzkraft).*
- *Die Partygäste sind alles andere als bieder, aber einige könnten für die Brave wichtig sein …*
- *Der sanfte Psychodruck: «Bohemien statt Bourgeois», ein «Tantra-Seminar» gehört zur Allgemeinbildung usw. …*
- *Ein echter Verführer lässt immer so etwas wie den Status eines Meisters anklingen (egal in welcher geheimnisvollen Disziplin).*
- *Im Fall der Fälle ist alles da: vom **Dildo** bis zum **Penisring**. Und auch die passenden Antworten für eventuelle Fragen nach der plötzlichen Herkunft …*

AM ZIEL DER WÜNSCHE

Der wahre Wert der Illusion

Haben Sie sich schon einmal gefragt, warum sogar scharfe **Sexvideos** immer in irgendeiner Form Geschichten erzählen, die den Akt verbrämen? Verwenden Sie den Schnellsuchlauf, um möglichst wenig «Blabla» und viel «Ahhh!» zu bekommen? Würden Sie die Filme am liebsten auf den reinen Höhepunkt beschränken? Raten Sie einmal, wie schnell Sie genug hätten von einer Reihe schnöder Orgasmusszenen, vielleicht noch ohne Ton und erkennbare Umgebung! Nicht einmal Cybersex kommt damit aus, einzig und allein bestimmte Körperregionen zu stimulieren, er lebt von der **Illusion**, steht quasi als Synonym dafür. Wir sind alle romantische Naturen, die nach Sinneseindrücken hungern und ständig mehr als die Befriedigung der Grundbedürfnisse suchen.

Beim Sex jagen wir spätestens unter sinkendem Phenylethylaminspiegel begierig nach Dingen, die uns dieses Hochgefühl der Verliebtheit zurückbringen oder ersetzen können. Phantasien verleihen uns in diesem Fall oft wieder Flügel. Aber leider genügen sie uns nicht. Wir sind fast gezwungen, den flüchtigen Bildern reale Gestalt zu verleihen, damit wir sie begreifen und festhalten können. Das traurige Nachspiel kennen wir: Die Wirklichkeit reicht nicht an die Illusion heran, der Hunger meldet sich zurück. Frust. Warten auf die nächste PEA-Dosis, sprich: die nächste Frau.

Wer sich bei einem massiven Frauenverschleiß erwischt und irgendwann beim bezahlten Sex landet, hat sich oft selbst des besten Heilmittels beraubt: der Illusion, der Kunst, Phantasien richtig zu nutzen, um sich in ihnen geborgen zu fühlen. Hyperkritische Wahrnehmung, ein ständig wacher Intellekt und wenig Zeit für sich selbst machen viele auch beim Sex zu «Konsumtrotteln». Statt hemmungslos zu träumen, verleiben wir uns vorgefertigte fremde Träume ein und wundern uns, dass wir auf Klischees herein- und der Langeweile anheim fallen.

Natürlich entspannt ein erotisches Buch, ein Film usw., und bestimmt haben Sie eine ziemlich genaue Vorstellung von Ihren sexuellen Wünschen, aber wenn Sie sich einmal länger damit befassen könnten, Ihre eigenen «Lustgeschichten» zu entwerfen, würden Sie über Ihre Kreativität staunen ... Im Ansinnen, eine Brave für mehr Sex zu begeistern, sollten Sie ihr zuerst einmal den rechten Platz in Ihrer Phantasie zuweisen, einen beglückenden Traum finden, zu dem Sie immer wieder zurückkehren können, und – ganz wichtig! – den Sie nie komplett verwirklichen.

Die Tücken der Leidenschaft

Nicht nur die verflixte Wechselwirkung unserer **Hormone** und anderer Substanzen ist daran schuld, dass guter Sex wieder Lust auf mehr Sex macht, sondern vor allem unser Bestreben, ein Optimum zu erreichen. Leidenschaftlichen Sex prägt die Eigenschaft, dass er zumindest einen Partner immer weiter in eine Richtung drängt, von der er sich noch größere Befriedigung erhofft. Phantasie, die ja das Liebesleben bereichert, erweist sich in manchen Fällen als verhängnisvoll, weil sie Träger immer neuer Wünsche ist. Ein Mann, der in der Verführung einer Braven ein Lebenswerk gesehen hat, wird vielleicht nach 9½ Wochen bemerken, dass ihm die Stellungsvarianten ausgehen, nicht aber die Träume von größerer sexueller Befriedigung.

In Zeiten der Leidenschaft gönnt man sich weder eine Verschnaufpause noch die Chance, das Wasser brodeln, aber nicht überlaufen und letztlich verdampfen zu lassen. Die Gefahr, in diesen teuflischen Strudel zu geraten, lauert da, wo beide Partner an einer bestimmten sexuellen Variante so großen Gefallen finden, dass alle anderen daneben verblassen, und trotzdem immer nach einer Steigerung gesucht wird.

Wem es nicht gelingt, seine Lust frei von solchen Suchttendenzen zu halten, manövriert sich (und seine Partnerin) mit Sicherheit in einen Grenzbereich.

Zurück zum Ausgangspunkt?

Angenommen, Sie haben das Wunder vollbracht und Ihre Brave erwartet Sie wollüstig auf dem Küchentisch, und plötzlich hätten Sie dort lieber ein Hähnchen liegen, das Ihre Liebste schüchtern zubereitet. Sie sehnen sich zurück nach jenen Zeiten, da sie wie ein Hühnchen gegackert hat, wenn Sie nur ein bisschen frivoler geworden sind. Sie finden es zwar toll und entsprechend erregend, wie Ihre Partnerin nun mit Sex umgeht, aber eigentlich ist die Spannung, die einst Ihr Sexleben beherrschte, jetzt nur mehr mit erotischen Tricks aufrechtzuerhalten. Die freilich hat Ihre Partnerin inzwischen so gut drauf, dass Sie längst Ihre Rolle als Lehrmeister eingebüßt haben. Wollten Sie das? Oder plagt Sie das Zauberlehrling-Syndrom? Viele Männer leiden heimlich unter der scheinbaren Unvereinbarkeit zweier Wünsche, nämlich dem nach einer Partnerin, die sie auch im moralischen Sinn bewundern und ein wenig einer idealisierten Mutter gleichsetzen können, und dem nach einer grenzenlos geilen Gefährtin. Und manchen Männern bereitet es kein wirkliches Vergnügen, wenn sie mit den Abgründen weiblicher Sexualität konfrontiert werden. Die Brave als hechelnder Nimmersatt – bloß nicht! Vielleicht fragen Sie sich, wie Sie wieder zum «Beginn des Beginns» zurückkehren. Einfach die Sexspielzeuge wieder in Sport- und Küchengeräte umwidmen oder zum Basteln verwenden? Weg mit dem Sadomaso-Kram und ab ins Blümchenbett? Im Grunde genommen bleibt Ihnen immer die Möglichkeit, den Retourgang einzulegen, doch müssen Sie darauf achten, dass Sie Ihre Partnerin nicht vor den Kopf stoßen, die vielleicht mehr als Sie Gefallen an bestimmten Sexvarianten gefunden hat oder gerade dabei war, ihre Leidenschaft richtig auszuleben. Dummerweise ist eine plötzliche Änderung genauso heikel wie ein langsames Abgehen von Gewohnheiten, weil die Partnerin im einen wie im anderen Fall annimmt, dass die Leidenschaft erloschen ist, und sich weniger begehrenswert findet. Um Missverständnisse zu vermeiden, kommen Sie nicht umhin, Ihre Liebste einzuweihen. Eine Kunst, wenn Sie keinerlei Zweifel an der Unversehrtheit Ihrer Zuneigung und Ihrer Leidenschaft wachrufen möchten! Trotzdem sollten Sie nie zu lange zögern und die Situation klären, sobald Sie überhaupt anfangen, Ihre erotischen Verhaltensweisen zu überdenken.

Paradise lost?

Das Glück in der Verführung Ihrer Partnerin verschont Sie nicht davor, plötzlich ganz andere Träume zu haben. Wie in vielen Märchen kehrt vielleicht gerade dann die Sehnsucht nach den Zeiten der **Unschuld** zurück, wenn eigentlich der Höhepunkt auf dem Weg von der Braven zur **Sexgöttin** erreicht ist. Eines Tages beschleicht Sie das Gefühl, dass Ihnen Ihre Partnerin jetzt fremd erscheint, wo Sie doch am innigsten miteinander vertraut sein müssten, nachdem Sie zahlreiche Sexabenteuer gemeinsam erlebt und gestaltet haben. Eventuell langen Sie an der Stelle an, wo Sie die Verführung bereuen und die Brave in ihrer ursprünglichen Haltung zurückwünschen. Sie wissen aber bestimmt, dass keine Liebe und keine Leidenschaft zu ein und derselben Person jemals wieder so wird wie in den Tagen des Kennenlernens. Selbst mit vielen Tricks kann man das, was man erfahren hat, nicht aus dem Gedächtnis zaubern. Und obwohl Gynäkologen inzwischen zwar das physische Wunder vollbringen, wird keine Frau den Status der Jungfrau wiedererlangen. Doch vielleicht plagt Sie schlicht und einfach die Umkehrung der Machtverhältnisse. Denn schließlich haben Sie ein braves Mädchen in eine Frau verwandelt, die von Ihnen Sex fordert – und möglicherweise gar nicht zimperlich. Oder sie ist jetzt diejenige, die neue erotische Ideen in die Beziehung einbringt, während Sie aufgehört haben, sexuell zu experimentieren. Vor allem sind Sie Ihrer Partnerin auf erotischem Gebiet nicht mehr an Wissen und Erfahrung voraus. Das steckt manchmal hinter dem Wunsch nach einer Rückkehr ins Paradies, wo es noch viel zu entdecken gab. Aber trösten Sie sich in jedem Fall: Die «Unschuld» ist vielleicht verloren, das Paradies nicht.

Paradise regained!

Der moralische Kater oder was auch immer Sie dazu bewogen hat, das Ergebnis Ihrer Verführungskünste nicht mehr so großartig zu finden, bedeutet noch lange nicht, dass Sie am Ende Ihrer Lust und Weisheit sind. Wenn Sie einen Zug in eine erotische Richtung, die Ihnen nicht mehr behagt, stoppen wollen und sich und Ihre Partnerin lieber wieder am unverfänglichen Ausgangspunkt Ihrer Beziehung hätten, bleiben Ihnen doch ein paar Möglichkeiten, das (vermeintliche) Paradies zurückzuerobern. Wer sagt denn, dass Sie ein für alle Mal den Weg fortsetzen müssen, den Sie mit Ihrer Partnerin eingeschlagen haben? Aus erotischen Verstrickungen können Sie sich befreien, ohne Ihre Partnerin zu verletzen oder gar zu verlieren. Fangen Sie an, vom Paradies zu träumen, und versuchen Sie Folgendes:

- *Erinnern Sie sich, warum Sie sich in Ihre Partnerin verliebt haben, und vergessen Sie nicht, dass sie eigentlich immer Ihre Brave ist!*
- *Sexuelle Gewohnheiten, die Sie spielerisch begonnen haben, ändern Sie am besten auch auf spielerische Weise. Wenn Sie zum Beispiel S/M-Praktiken satt haben, bringen Sie Ihre Partnerin dazu, eine Brave zu spielen, und zeigen Sie sich begeistert von der Rolle, während auch Sie nicht zu den erwarteten Mitteln greifen oder zumindest nur in eingeschränkter Weise.*
- *Nutzen Sie die Zeit einer räumlichen Distanz (Reise usw.) für nostalgische Schwärmereien – auch in schriftlicher Form! Erzählen Sie Ihrer Partnerin, was Sie alles so schön fanden, ohne die gegenwärtige Situation zu kritisieren!*
- *Sagen Sie Ihrer Partnerin, dass Sie Ihr Verführer bleiben wollen und sie ruhig wieder ein braves Mädchen sein darf! Am besten tun Sie das an einem Ort oder zu einem Anlass, der mit den Anfängen Ihrer Beziehung verbunden ist.*
- *Bleiben Sie einmal bei reiner Zärtlichkeit ohne Sex, eventuelle erotische Aufforderungen Ihrer Partnerin müssen Sie sanft umlenken! Sagen Sie ihr, dass Ihnen dieses Mal total (nicht: nur!) nach Küssen und Schmusen ist! Nehmen Sie Zweifel an Ihrer Potenz in Kauf! Verwandeln Sie diese «Ruhephase» in einen Neubeginn, indem Sie Ihre Partnerin bitten, sacht von vorne anzufangen!*
- *Eine Änderung der Lebenssituation (Umzug, Kind usw.) können Sie auch zu einer Änderung Ihres gemeinsamen Sexlebens machen. Zum Beispiel mit einer Neugestaltung Ihres* ***Schlafzimmers****, einer von beiden geplanten* ***Sex-Pause*** *und gegebenenfalls mit dem Wechsel des Freundeskreises.*

Das **Paradies**, eine Liebesbeziehung, in der immer ein Platz für Träume, ein Rest von kindlicher **Unschuld** und die Freude an gemeinsamen Abenteuern bleibt, ist leicht zu erhalten, wenn man sich und dem Partner die Möglichkeit schenkt, irgendwo unentdeckt – und brav zu sein.

STICHWORTVERZEICHNIS

A tergo 36, 107
Abtörnend 70
Abtreibung 52
Aggression 63, 93
Alkohol 14, 75, 87
Alraune 133
Anal 36, 104
Angst 52, 53
Angst-Lust 81, 137
Aphrodisiaka 71 ff, 133 ff, 141
Atmung 35, 91
Austern 14, 72 ff

BH 64
Blowjob (s. a. Fellatio) 88, 103, 110
Brust 29, 35

Champagner 54, 62
Corselett 65
Cuffs 128 ff
Cunnilingus 101 ff

Dessous 62 ff
Dildo 104, 122 ff
Dinner 63, 74
Dirty Talking 43, 60
Dreier 142
Dominanz 126
Drogen 134, 141, 146
Duft 68, 78, 93, 99 ff

Erotik 43, 44, 61
Erotomane 150
Experiment 142, 146
Ekstase 35, 78

Fellatio 100 ff
Fesseln 120 ff, 138
Fetisch 127, 136
Feuchtigkeit 36
Finger 81 ff
French Tickler 118
Frosch 101

G-Punkt 31 ff, 83
Geburt 32
Geheimnisse 22, 41 ff
Geruch 32
Gesäß 18
Geschenke 57, 62
Gummi 126, 129

Hand 79
Handschellen 70, 125 ff
Hochglanz 131
Hochzeit 56
Hormone 25, 76, 153
Humor 134
Hundegeschirr 10

Illusion 154 f
Inaktiv 11

Jungfrau 23 ff
Junggeselle 70

Kamasutra 90 ff, 110
Karezza 60, 92
Kerze 68 ff
Kind 60
Klitoris 32, 33, 79, 83, 94, 110
Koch 40
Komplimente 57
Kuss 50, 75 ff

Lack 19, 126
Latex 128
Lecken 102
Leder 126
Lesben 12, 142
Libido 74
Licht 69
Liebestechnik 69, 76, 110 ff
Liebeskugeln 126
Lingam 18
Löffel 107

Massage 81
Masturbieren 109
Missionarsstellung 83, 106 ff

Nabel 79
Netzstrumpf 10
Neunundsechzig 112

Oral 72 ff, 100 ff
Orgasmus 28, 34, 44, 67
Orgie 87, 144 ff

Parfüm 68
PC-Muskel 31, 36
PEA (= Phenylethylamin) 39, 141, 152
Peitsche 10, 129, 138
Pelz 66
Penisring 122
Phantasien 19, 20
Pheromone 76, 133
Pille 53
Po 29, 41, 107 ff
Prämenstruelles Syndrom 21
Puls 35

Quickie 36, 110

Reiz 10, 30, 43 ff, 72, 126
Rollenspiele 112

Schamlippen 31, 83, 94
Scheide 31
Schenkel 80
Schminken 99
Sexspielzeug 122
Sinnesfreuden 14
Sklavenmarkt 115
SM 50, 82, 118 f, 137 ff
Spiel 87 ff
Spirale 53
Spitze 64 ff
Sport 39
Stay-ups 15, 65
Stellungen 100 ff
Strapse 65
String-Tanga 15
Striptease 116
Swing 38, 86, 143 ff

Tagebuch 21
Tantra 90 ff
Tao 90 ff
Traum 20
Trauma 20
Triebe 136

Unerfahrenheit 11
Unschuld 11
Urlaub 38

Vaseline 137
Verhütung 52
Vertrauen 51
Vibrator 124
Video 45, 118, 130 ff
Vitamine 73
Vorspiel 88
Voyeur 92

Wellenteilen 111

Yohimbin 133

Zähne 77
Zauber 98, 133, 141
Zink 72, 133

RORORO MEN'S HEALTH

Men's Health: *Der Survival-Guide: Was echte Männer können müssen* von Wolfgang Melcher (rororo 60860)

Men's Health: *Bodyguide Mann. Fakten, Vorurteile und Funktionen* von Thomas Lazar (rororo 61113)

Men's Health: *Penis Pur. Was Männer wissen wollen* von Katharina Butz / Detlef Icheln (rororo 60691)

Men's Health: *Bei der nächsten Frau wird alles anders. Was Männer sich sparen können* von Astrid-Christina Richtsfeld (rororo 61116)

Men's Health: *Bodyconcept Bauch. Der ultimative Kraft-, Ausdauer- und Ernährungsguide* von Thorsten Tschirner und Christine Wolters (rororo 61140)

Men's Health: *Know-how für Helden. Wie Mann alle Katastrophen meistert* von Wolfgang Melcher (rororo 61123)

Men's Health: *Du siehst gut aus! Der Pflege-Guide für Männer* von Astrid Wronsky (rororo 60848)

Men's Health: *Muskelpillen – Die besten Fitmacher: Alle Präparate im Test* von Katharina Butz / Detlef Icheln (rororo 61178)

Men's Health: *Das Schnarchbuch. Legenden, Auslöser, Gegenmittel* von Peter Spork (rororo 61155)

Men's Health: *Der Style-Guide. Mode-Ratgeber für Männer* von Bernhard Roetzel (rororo 61323)

Men's Health: *Das Muskel-Manual. Der ultimative Trainings-Guide* von Thorsten Tschirner (rororo 61322)

Men's Health: *Power-Workout für Body & Soul* von Robert S. Polster (rororo 61027)